CRIMEN

Y

CRIMINALES

Volumen I

CRIMEN
Y
CRIMINALES

*Claves para entender el terrible mundo
del crimen*

VOLUMEN I

FRANCISCO PÉREZ ABELLÁN

nowtilus

Colección: Biblioteca del crimen
www.nowtilus.com

Título: Crimen y criminales I
Autor: © Francisco Pérez Abellán
Editores: Graciela de Oyarzábal
         José Luis Torres Vitolas

© 2010 Ediciones Nowtilus S. L.
Doña Juana I de Castilla 44, 3° C, 28027 Madrid
www.nowtilus.com

Diseño y realización de cubiertas: Ediciones Noufront
Diseño del interior de la colección: JLTV

ISBN: 978-84-9967-001-0

Printed in Spain

ÍNDICE

CRIMESPAÑA S. A.

1

La ley de la niña Mari Luz

Hace solo unos meses Sarkozy prometía reformas para que su país pudiera combatir a los pederastas asesinos. En todo el mundo y en los países más democráticos, la lucha contra los pederastas y los asesinos de niños es una labor constante desde hace décadas. En Estados Unidos, incluso algunas leyes llevan el nombre de niños asesinados. Es importante recordarlo para los figurones de relumbrón que se pasean por los foros afirmando que no hay que legislar a golpe de pasión.

En un país serio y democrático, preocupado por la seguridad de sus ciudadanos, con un Gobierno decidido a garantizar la integridad de los niños, no sería extraña «la ley de la niña Mari Luz», hecha para que ningún otro asesino de niños actúe con impunidad. En Estados Unidos, la ley Lindbergh, aprobada tras el secuestro del retoño del famoso aviador, igualaba el castigo del secuestro con el de homicidio. Nada desproporcionado, porque secuestrar es matar en vida.

En nuestro país hay decenas de miles de pederastas metidos en Internet. Hasta el presunto autor de la muerte de Mari Luz Cortés, la niña de Huelva, aprendió a navegar por la Red para acosar a las pequeñas. Sus víctimas, empezando por su propia hija, tienen edades de entre 5 y 13 años. En el juicio, celebrado en Sevilla, donde se le condenó por abusar de la hija, se le diagnósticó una grave patología mental que no le impide ser más listo que el hambre. A ver qué loco, como él, pone en venta la casa que tiene en alquiler, en un presunto delito de tentativa de estafa. A ver qué loco sale huyendo del barrio El Torrejón, avisado de que, en cualquier momento, la sospecha se transformará en certeza. Qué loco, mire usted, maquina una acusación de delito sexual contra el profesor de gimnasia al que extorsiona exigiéndole, «por lo menos», sesenta mil euros. Es un loco cuerdo. Libre. Dos veces condenado por abuso sexual a niños e inserto en un presunto proceso de transformación. Crisálida de pederasta mutando en el capullo social, acogedor, subvencionado, hasta convertirse en posible asesino en serie. Los padres de la niña Madeleine McCann se interesan ante la posibilidad de que el supuesto culpable de la muerte de Mari Luz, lo sea también del secuestro de su hija.

La «ley de la niña Mari Luz» debería ser corta y muy clara, encaminada a aligerar los trámites contra los asesinos de niños, abusadores sexuales, traficantes de pornografía infantil y criminales que tengan de cualquier modo por objeto a los pequeños. En España faltan de su casa demasiados niños. Los más recientes son Sara Morales y Yeremi, en Canarias; y Amy, en Mijas,

Málaga. Los asesinos de niños no son tratados con el rigor que merecen: la instrucción y el juicio de sus casos deberían tener prioridad, los trámites acelerados, y sus expedientes marcados con el remoquete de urgente. Que ningún otro pederasta tenga patente de corso. Se dice que el ahora investigado estaba en la calle cuando debía estar cumpliendo condena, con lo que Mari Luz debería estar viva. De ser así, alguien debería pagar los vidrios rotos. Los funcionarios que no hayan actuado con diligencia, los negligentes o inútiles deben ser apartados. El caso Mari Luz pone de relieve cosas apuntadas en el pasado: el asesino de niños suele ser un reincidente, como el que mató a Olga Sangrador, como *el Asesino de la Lavadora* y tantos otros.

La protección de los niños víctimas merece la «ley Mari Luz» en la que la sociedad se preserve de los pederastas, los señale con el dedo y les impida su campo de acción. La ley de la pequeña onubense debería exigir que se diagnostiquen las enfermedades mentales con todo rigor y precisión. Cualquiera sabe que en un proceso penal se consulta a peritos de las dos partes que no siempre están de acuerdo. ¿Cómo puede un loco auténtico serlo para la defensa pero no para la acusación? Los locos irresponsables de causas penales, pero peligrosos para los niños, también tendrían que ser custodiados, quizá de por vida. Los asesinos de niños no tienen cura.

Sociedades democráticas, como Estados Unidos o Francia, no temen enfrentarse a los pederastas, incluso sabedores de que el gusto grecorromano por los efebos alienta en el corazón de los hipócritas. El abuso de niños es la última guinda de los pervertidos sexuales en esta sociedad pervertida. Solo necesitan que la ley sea débil; el procedimiento, lento; y los jueces, distraídos. El reino de los pederastas se extiende amenazando a los niños de los que abusan con regalos, caballo de Troya de las bajas pasiones. Como la ley Lindbergh, «la ley Mari Luz», que el otrora fiscal Bermejo no se atreverá a abordar, debería estudiar el flanco débil de la actual legislación. En el Gobierno de los jueces, tantas veces callado y tan proclive a extremar la mesura, ya se han oído voces a favor de reinstaurar la «cadena perpetua». Puesto que los pederastas no se curan jamás, que nunca salgan de las cárceles. La niña Mari Luz no debe ser olvidada. Merece una ley. Las leyes deberían llevar los nombres de las víctimas, en vez de ocultar a quienes las promueven cuando fracasan, como ahora, estrepitosamente.

Los ciudadanos no merecen un Gobierno que no les garantice seguridad. En España se detienen violadores pasados siete años desde que empezaron a actuar, se deja en libertad a grandes asesinos, cumplidos solo quince años de estrepitosas condenas, y se asiste, con desesperación, a los ímprobos, pero insuficientes intentos de encontrar niños raptados.

La «ley de la niña Mari Luz», de etnia gitana, redicha y bien educada, graciosa hasta decir basta, flamenca y confiada, debería velar por los niños amenazados, puesto que una conjura de pederastas los amenaza. El ahora capturado nunca se habría atrevido a pasar de una punta a otra del país, de Sevilla a Gijón, practicando el acoso de las pequeñas, si la primera vez se hubiera enfrentado a un castigo proporcionado a su culpa. Este hecho doloroso, donde la gran lección de dignidad humana viene principalmente de los padres de los desaparecidos, debe comprometer a todos. En Estados Unidos no duelen prendas a la hora de mantener de por vida, detrás de los barrotes, a individuos peligrosos, como Charles Manson o el asesino de John Lennon. Y eso que el malogrado cantaba con Yoko Ono aquello tan impertinente de «jueces a la cárcel, criminales a la calle». Tiempos revueltos, de protesta, donde los rebeldes, como ahora, eran ricachos protegidos por cámaras, guardaespaldas y circuitos exclusivos. Sus hijos van al cole rodeados de medidas de seguridad y viven en casas defendidas con un foso de leones. Para todos los demás, para la gente de a pie, para los votantes inconscientes, incluso, promúlguese «la ley de la pequeña Mari Luz». Para saber cómo se hace, ha de enviarse a los redactores al país democrático por excelencia: Estados Unidos, que les hablen allí de la ley Megan. Y de otras.

2

EL ÚNICO ESPAÑOL
CONDENADO A MUERTE
EN ESTADOS UNIDOS

El reloj se ha puesto de nuevo en marcha. La moratoria de la pena de muerte por una protesta contra la inyección letal ha terminado. El Tribunal Supremo norteamericano ha ratificado el método. Entre los condenados a muerte por este procedimiento está Pablo Ibar, un joven que lleva más de siete años en el corredor de la muerte de la prisión de Starke, en Florida. Es el único español. Todo el mundo parece haberse olvidado de él. La tragedia es aún mayor porque hay fundadas sospechas de que Pablo podría ser un falso culpable, al estilo más genuino de Alfred Hitchcock.

Según denuncian sus actuales abogados, fue defendido de forma deficiente por un letrado de oficio y acabó condenado sin pruebas. En la gran nación americana, tras una sentencia firme —esta, además, está ratificada desde el 9 de marzo de 2006 por el Tribunal Supremo de Florida—, los recursos son enormemente costosos. Por el momento se necesitan alrededor de trescientos mil dólares, de los que el Parlamento vasco ha puesto cien mil euros. La familia y los abogados están a la espera de que el Gobierno de España complete la cantidad que falta, a través de los Ministerios de Justicia y Exteriores, con la ayuda de las cuentas de la página web de la Asociación contra la Pena de Muerte Pablo Ibar, http://www.pabloibar.com.

Pero Pablo, que ha sido condenado fundamentalmente por una imagen muy borrosa, extraída de un video de una cámara de seguridad, de calidad muy deficiente, al que no le acusan pruebas científicas como el ADN, huellas dactilares u otras, lleva ya demasiado tiempo esperando la inyección letal, nuevo método de ejecución en Florida, donde antes reinaba la *Vieja Chispas,* esto es, la silla eléctrica, jubilada por crueldad.

Como en el caso de Joaquín José Martínez, español al que este noble pueblo sacó de la celda de la muerte, que fue condenado injustamente, y finalmente absuelto por el mismo juez que en su día lo condenó, curiosamente con las mismas pruebas y el mismo testimonio en los dos juicios, Pablo es posiblemente un inocente condenado por un jurado de Broward County, influido por hechos circunstanciales. Por tanto, un falso culpable que ya ha pagado una dura pena «de banquillo», lo que supone, aunque al final se libre del último castigo, graves secuelas. Por otro lado, aunque al principio hubo gran revuelo alrededor de su caso, la llama del interés se ha ido apagando y casi nadie se ocupa ahora de este asunto.

Hijo del pelotari Cándido Ibar, sobrino del famoso boxeador José Manuel Ibar, Urtain, Pablo fue conde-

Ouster of deputy fire chief is sought

DEFENDANT'S WIFE: Tonya Quiñones, who married Pablo Ibar in jail last year, reacts as the verdict is read in Broward Circuit Court on Wednesday. "It's just not fair," she said of the jury's finding.

2nd man found guilty of '94 Miramar murders

Pablo Ibar's co-defendant, Seth Penalver, was convicted last year and is scheduled to be sentenced July 7.

Jim Bunce, president of the firefighters union, said he was concerned because his members feared DePaola's temper.

Midwest exec pays $17 million for Fort Lauderdale property

Miami Herald, 15 de junio de 2000.

nado a muerte el lunes 28 de agosto de 2000, cuando un jurado le consideró culpable del triple asesinato de Casimir Sucharski, Sharon Anderson y Marie Rogers. Se trata de un empresario y dos jóvenes modelos, muertos en la casa del primero. Como se ha dicho, un video de más de veinte minutos recoge escenas del asesinato. En un momento dado, el individuo al que se identifica con Pablo se quita una sudadera y la abandona. Las muestras de ADN y otras tomadas de la misma prenda no coinciden ni acusan al español.

¿Qué pasa entonces? Pues que Pablo es de ascendencia hispana, en un país donde los condenados a muerte, por tradición, son mayoritariamente negros o hispanos. Además le acusan una serie de indicios circunstanciales. Por ejemplo, una vez extraída la foto borrosa del vídeo deficiente le fue mostrada a sus familiares sin advertirles de qué se trataba, estos dijeron reconocer a Pablo en la foto. Es como se ve una de esas clases de reconocimiento de rueda predeterminada, inválida para llevar a un hombre a la última pena.

Sin embargo, se hace oídos sordos al hecho de que hay testimonios que sitúan a Pablo Ibar en un lugar distante a la hora del crimen. Recordemos que en el caso de Joaquín José, el forense acabó confesando que había variado la data de la muerte para que coincidiera con la supuesta presencia del reo. Joaquín estaba de viaje, lejos de las muertes. También había un vídeo en el que no se veía nada, ni se oía nada, pero que bastó para acusarlo. «Hay un vídeo en el que confiesa», se decía. Era otra burda mentira. Hubo que contratar a un perito de la CIA para que dictaminara que se trataba de imágenes manipuladas, que no servían para acusar a nadie. Pero Joaquín José pasó tres años en el corredor, precisamente en la misma prisión de Starke en la que se encuentra Pablo, vestido de naranja y con grilletes en manos y pies, atado con cadenas a la cintura.

Hoy en día, Joaquín José vive libre en España, gracias al gigantesco esfuerzo de sus padres, en especial del intuitivo y genial Joaquín, el padre, que apenas veía, pero que tenía un cerebro rápido como la luz, desgraciadamente muerto en un accidente en Valencia. Los españoles recaudaron para él cien millones de pesetas. Marcó la diferencia entre la vida y la muerte. Con ese dinero se contrató un abogado competente, peritos avezados y se logró desenmarañar la trama.

En el caso de Pablo, según Andrés Krakenberger, portavoz de la familia en España, la estrategia de la defensa es que con el recurso se declare nulo el juicio en el tribunal de Broward County y se celebre otro con un abogado debidamente preparado. Esto supondría la necesidad de recaudar más dinero, dado que se hace cierto el dicho que circula entre los abogados americanos de que «tenemos toda la buena justicia que usted pueda comprar».

Pablo Ibar, un muchacho guapo y lleno de vida, se casó con su novia en la prisión. Ha pasado por momentos de bache moral, pero mantiene buen ánimo. Fue especialmente duro que el Supremo de Florida aceptara revisar el caso de Seth Peñalver, acusado en su misma condena, y rechazara el suyo. No obstante ahora está animado porque la asociación y la familia esperan recibir los fondos para la apelación «en las próximas semanas».

Dado que en nuestro país la pena de muerte está abolida, el Gobierno, a instancias del Congreso, según proposición de noviembre de 2006, tiene la obligación de atender a los españoles condenados a muerte en cualquier lugar del mundo para que tengan una adecuada defensa. En el caso de Pablo Ibar, además, está el compromiso de combatir la injusticia.

3

ROBIN HOOD VUELVE AL SPA DE LA CÁRCEL

En una prisión española un funcionario ha sido expedientado por hacerle una felación a un preso. La España de Rodríguez es que se sale. Hace tiempo que el común de los mortales sabe que en nuestro país las cárceles son de cinco estrellas para los delincuentes que vienen de fuera, aunque nadie imaginaba que el confort llegara a tanto. El preso homenajeado parece que cumple reclusión por delitos contra la salud pública, vulgo: droga, y que disfruta de unas condiciones tan diferentes a las que ofrecen las cárceles de su país que no pudo por menos que salir del *tigre,* vulgo: retrete, con una ancha sonrisa, mientras se ajustaba la cremallera del pantalón. Calefacción en invierno, aire acondicionado en verano, tres comidas, sueño reparador, sala de juegos, celda de matrimonio, salón de estar con TV y, los más afortunados, gimnasio y piscina. Encima la estancia no se hace pesada y algunos tienen la suerte de encontrar, por amor, compañía especial y complaciente.

Hay que entender que en un país donde los grandes estafadores no van a prisión, donde hay periodistas que se atreven a declararse amigos de ladrones y asesinos, y donde un atracador, al que llaman *Robin Hood,* entra y sale de los barrotes mientras declara que su casa es la cárcel, no es de extrañar que los centros de reclusión estén a reventar. A *Robin* se le supone que cuando está fuera extraña los juegos de agua, si no el «spa», de la cárcel, que es como el *rock and roll* de Elvis, pero con la posibilidad de enamorarte.

El atracador *Robin Hood,* nombrado así porque a finales de los 90 tuvo la esperpéntica idea de enviarle a sus compañeros de *trena,* por giro postal, parte de lo que robaba de los bancos mientras estaba fuera, presume de haber dado clases «de lo suyo» a los colegas. Es decir que la reinserción era esto: buen trato de algún funcionario y magisterio de los artistas. Como es fácil de entender, otro gallo nos cantara si la noticia escandalosa denunciara que un preso extranjero hubiera sido expedientado por hacerle una *fellatio* a un funcionario. En ese caso se podría recurrir a Greenpeace, tribunales internacionales y Solidarios de Guantánamo, pero en el presente no hay más remedio que llamar a Madame Tussauds para que lo inmortalice en cera.

En las actuales circunstancias, mientras bandadas de niños, como pajarillos, roban en los cajeros o en las mesas de las terrazas, no tiene nada de extraño que un abogado tilde a su cliente, *el Solitario,* de «Curro Jiménez moderno», y algunos padres, machacados por la ley de Violencia de Género, distingan al Lute con el falso título de doctor en Derecho. *Robin Hood,* que toma su sobrenombre de una mentira británica, un cuento para niños, es la demostración excelsa de que la masa enfervorizada necesita mitos de reinserción: nosotros capturamos un delincuente y sale hecho un maharajá. Incluso al que le falta amor, le acogemos con primor.

Las cárceles no son ni mucho menos el matadero de algunos países hispanoamericanos, ni las mazmorras de los Balcanes, sino cuartos de hotel donde pronto las toallas serán de marca, y el menú, de alta cocina, como en el AVE. En esas condiciones es comprensible que no se prodigue facilitar la visita a las cárceles, quién sabe lo que se podría descubrir.

Al fin y al cabo un matrimonio en el mundo actual, y conste que se dice sin interpretación malévola, es la unión de dos personas. Un preso reinsertado puede ser alguien que cumpla su condena, atraque de nuevo y regrese a prisión. Dónde mejor. Tras los barrotes, *Robin Hood,* que no es especialmente un encanto para los que sufren sus atracos, hace alarde de ilustrar a los que quieren perfeccionarse en el submundo de las prisiones. Bien de permiso, o por las bravas.

Lo peor de este panorama idílico, de ladrones de leyenda, reinsertados de opereta y atracadores eméritos, no es que haya tenido lugar lo que parece una broma de inocentes, esa exhibición de sexo anti estrés carcelaria, sino que se haya publicado, dando opción a interpretaciones torticeras. Porque, a ver, ¿es menos cárcel un lugar donde surge la atracción entre personas separadas por un abismo? Y, sin embargo, podría darse la impresión, dado que no se recuerda evento igual, comparable solo a la explosión del cipote de Archidona, que convirtió una película en el diluvio universal, de que las cárceles españolas lo son por las comodidades que ofrecen y no por la acción policial. En el caso de *Robin Hood* es él quien destaca que para su coleto no hay nada mejor que los barrotes de una celda, hágase cada uno la composición que prefiera. Lo mismo canta *el Solitario,* que declara solemne que, de ningún modo, desea volver a la portuguesa de Monsanto, donde no tienen, seguro, TDT, actividades de artistas comprometidos, sesiones de pesas para ponerse cachas, ni duchas de relax. *El Solitario* prefería actuar sin compañía mientras entraba a tiros en las sucursales bancarias, pero, para permanecer detenido, nada mejor que un centro de hombres, con las refinadas costumbres de la hospedería española. *El Solitario* quiere ser ya «el acompañao», como *Robin Hood* en el «spa» y Eleuterio en su doctorado.

Es difícil luchar contra la delincuencia por arriba en una nación donde las leyes no dan miedo a sus grandes estafadores, porque, aunque se reconozca que estafan, no pisarán las cárceles. Ni tampoco dan miedo por abajo, puesto que pasaron ya los tiempos en los que podrían excederse en el trato con la porra; y si hoy son noticia las prisiones, es por la excesiva amabilidad de los espontáneos. Ya es difícil controlar el consumo de droga, incluso tratándose de recintos cerrados, donde se han dado casos en los que se puede beber alcohol y fumar hachís como en el séptimo cielo, porque por mucho que estén sellados los recintos, están abiertos los cuerpos generosos y sandungueros. En las cárceles, ya decimos, que los únicos que no entran a husmear son los periodistas. Pero así y todo, ¿cómo limitar los afectos? ¿Y las entregas apasionadas? En prisión, el delincuente sabe latín, perfecciona su técnica, aprende el francés y se acostumbra a amarse a sí mismo tanto como le ame la autoridad.

4

No tropiecen con el asesino

Ya está en libertad. La Audiencia Provincial de Madrid, o más concretamente su sección quinta, ha concedido el tercer grado penitenciario a Javier Rosado, *el Asesino del Rol*, de 34 años. Podrá salir a la calle los fines de semana y cuando lo estime conveniente la junta de tratamiento de la prisión de Soto del Real. La misma Audiencia que ahora le deja libre, le condenó a cuarenta y dos años de prisión, que, como se ve, se quedan en realidad en solo catorce.

Rosado es un criminal muy inteligente. De hecho a los 20 años, cuando inventó el juego de rol, Razas, para matar personas al azar, con lo que amenaza a la sociedad entera, era un magnífico estudiante, de los de matrícula de honor. Un tipo alto, desmadejado, como un gran pájaro que no supiera qué hacer con las alas. En su cabeza bailan con precisión los números y los conceptos. Tras las rejas dicen que ha cursado tres carreras:

Químicas, Matemáticas e Informática. En principio hay que desconfiar de todo esto.

Rosado es el mismo que escribió, recordando aquella noche loca del asesinato, el 30 de abril de 1994, cuando apuñaló diecinueve veces a Carlos Moreno, un trabajador de 52 años que esperaba el autobús en una parada de Manoteras, «¡Lo que tarda en morir un idiota!». Aquella noche iba acompañado de Félix, menor de edad penal, un colega al que tenía seducido y manipulado. Alguien que secundaba todos sus pasos. El juego marcaba que hasta las doce había que matar a una mujer, y luego, a un señor bajito y calvo. ¿A quién se le ocurre jugar a quitar la vida? A un buen estudiante con pensamiento perverso. Además, el asesinato debía ser brutal, tanto como cualquier otro que se recuerda: parece que fue Rosado quien metió la mano por la herida abierta de la garganta y le arrancó las cuerdas vocales. Despiadado, cruel, displicente y despreciativo. Javier Rosado es un cerebro del mal.

Le pillaron porque lo delató uno de la pandilla, al que trató de liar para que se uniera en nuevas partidas de juego con cadáver. Atraparon a Rosado y a su cómplice con cuchillos y guantes preparados para una nueva incursión en el juego. No había arrepentimiento ni vuelta atrás. Rosado se empeñó en que el juez le dejara llevarse a prisión las fichas y dados de Razas. Tal vez con la intención de perfeccionar este monopoly del crimen. Naturalmente, se lo denegó.

El Asesino del Rol se cargó para siempre el prestigio de este juego de imposturas al que cientos de jóvenes se dedican sin peligro alguno. Rosado lo convirtió en un juego maldito, pero es exactamente igual que cuando *el Asesino del Lobo Feroz* utiliza el cuchillo jamonero para matar mujeres. El honor de los cuchillos debe quedar a salvo, como el honor del rol. Miles de seres humanos cortan lonchas sin utilizar el jamonero para herir o matar.

Se dice que Javier Rosado, durante estos tiempos de cárcel, ha dado clases de matemáticas a otros reclusos en prisión. Bueno, está bien, aunque daña la figura del docente. Es mejor que Rosado se dedique a enseñar cuentas a los presos que a perfeccionar sus métodos de eliminación de seres humanos; pero Rosado no es un profesor, es un asesino. Un docente debe tener un prestigio, rodearse de un aura de respetabilidad. Por muchas matemáticas que sepa, Rosado no merece la categoría de maestro, ensombrece la profesión.

En el juicio, las psicólogas de la Clínica Médico Forense de los Juzgados de Plaza de Castilla lo dejaron claro de una forma meridiana: Javier Rosado es un psicópata, un tipo muy peligroso, que no tiene cura. A los psicópatas no los curan en ningún lugar del mundo.

Hubo peritos de la defensa que trataron de demostrar que Rosado no era imputable, porque tenía varias personalidades, al parecer más de treinta, pero el tribunal observó mayor solidez en el alegato de las psicólogas: no es un loco, es un tipo con un trastorno de personalidad. Es un psicopatón, capaz de recrearse en la memoria de sus crímenes.

Dejarle en la calle, donde ya ha pisado con antelación en permisos penitenciarios, conlleva un elevado riesgo. A los 34 años se encuentra en pleno poder de su vigor, con la cabeza a toda marcha, como una locomotora. Un genio de las matemáticas, un habilidoso informático, un poderoso químico, pero sobre todo un homicida que es capaz de elegir como víctima a un trabajador cualquiera, a un ciudadano que aguarda tranquilamente el autobús. Es decir, el verdadero «peligro público número uno», mucho mejor preparado que ningún otro. Si vuelve a matar, costará echarle el guante.

La familia de la víctima, Carlos Moreno, se siente estafada. De alguna manera toda la sociedad debe sentirse engañada por la falsa tranquilidad de condenar a cuarenta y dos años a individuos que, más allá de su potencia letal, no cumplirán ni el cincuenta por ciento. Despreciando la huella del horror, el miedo que infundió en la ciudad de Madrid, la justicia, tras denegarle permisos y tercer grado, se los concede ahora, sin que nada significativo haya cambiado. Rosado no está curado porque no tiene cura. En puridad, únicamente ha pasado el tiempo —hace ocho meses le dijeron que no, y ahora, que sí—; y también han cambiado las personas: un juez le denegó las salidas, otro, diferente, lo pone en la calle.

En este momento, cuando se niega que la inseguridad ciudadana esté creciendo, solo hay que tener en cuenta que en pocos meses se han puesto en libertad al *Violador del Ensanche II*, al *Violador del Vall d'Hebrón*, al *Asesino de la Catana* y al *Asesino del Rol.* Lo increíble sería que la seguridad aumentase.

En especial, el del Rol nos transmite una experiencia aterradora: junto a Félix, en aquella partida del demonio, armados con sus cuchillos, estuvieron a punto de dar muerte a una mujer que entró de repente en un portal, y a otra que cerró a tiempo, tras sacar la basura. Finalmente llegó la hora bruja y la carroza se convirtió en calabaza: el objetivo pasó a ser un hombre solitario. En la mente analítica del larguirucho Rosado se representó un ser bajito e indefenso, como para él era Carlos Moreno, que regresaba a casa pacíficamente, ignorante de que las autoridades resultan incapaces de detectar a esta amenaza pública, al que había convertido la muerte en un juego. Creyó que se trataba de dos atracadores, pero al verles sacar los cuchillos notó el frío de la hoja: no querían su dinero, sino su vida.

El tercer grado penitenciario es el que permite incluso ir a prisión solo a dormir. Este es el que a partir de ahora tendrá Javier Rosado, del que se dice que progresa adecuadamente, por más que se recomienda que permanezca solo en una celda y dos de los miembros de la junta de seguimiento de la cárcel se muestren contrarios a la medida de bajarle de grado. Contrariamente a lo que pueda creerse, si reincidiera en su carrera criminal, no habría responsables directos. La ley es así de tortuosa e incomprensible: condena para que no se cumpla; y no está ahí para darle satisfacción a las víctimas.

5

LOS HIJOS DEL *VAQUILLA*

Tiempo atrás, tres menores de 13, 10 y 8 años salieron a escape con un BMW 318 blanco, robado, por las carreteras madrileñas. Los polis de Coslada los confundieron con los atracadores de una pizzería y les montaron una persecución de mil demonios. Hicieron kilómetros por descampados llenos de baches. Algunos de los *pitufos,* como ellos dicen, sufrieron lesiones en las cervicales, en cambio los chavales, aunque uno estampó su cabecita contra el parabrisas, al derrapar en un terraplén, no presentaron ni un solo rasguño. Dicen que se encontraron el vehículo con el puente hecho en la Cañada Real y lo utilizaron para volver a casa. Pero en España hay una larga tradición de ladrones de coches que se estrenaban al volante a los 7 años. Cuando los agentes de Coslada los veían salir corriendo del deportivo estrellado no se explicaban cómo llegaban a los pedales. Eran chicos pequeños, mal desarrollados, quizá con falta de alimentación o avitaminosis, aunque expertos conductores que, cuando no llegan a los pedales, se atan a los pies ladrillos con una cuerda.

Mi buen amigo Juan Carlos Delgado, *el Pera,* que lideraba una banda cuando apenas levantaba un palmo del suelo, y que ha terminado enseñando técnicas de conducción evasiva a la Guardia Civil, *guindó* una vez un abrigo loden a un *primo,* de aquellos tan chulos, con la raya que marcaba la columna vertebral. Los que llevaban los «niños pera». Y en su barrio de Getafe empezaron a llamarle *el Pera,* y con eso se quedó. Juan Carlos distingue la potencia por el sonido y el rendimiento del motor por el olor de la gasofa. Es un conductor vocacional, reinsertado, que quiere ayudar a estos niños y arrastrarlos a la escuela. La mitad, pequeños portugueses inadaptados que, sin embargo, ya han enlazado con la tradición oral. Y se saben de memoria la película *Perros callejeros,* con música de los Chunguitos. Cualquiera lo diría. Chavales con problemas de desarrollo y crecimiento que hacen un puente en menos que canta un gallo y que guardan el DVD de la película de José Antonio de la Loma, protagonizada por *el Vaquilla* y *el Torete,* como si se tratara de un incunable de *El Quijote.*

Son los hijos del *Vaquilla.* Los que nunca tuvo. A finales de los setenta, iba *el Vaca* a bordo de un R-5, como una moto, entrando a toda velocidad en los descampados y girando a todo meter mientras pisaba el freno en un largo derrape, haciendo rugir los neumáticos. «¡*Vaca,* cómetelos!». Iba *el Vaquilla* todo tieso, echando viruta a la *madera,* casi parado sobre los pedales, poniendo riñones en las curvas. Sobre todo si se

Cartel de la película *Perros callejeros*
de José Antonio de la Loma (1977).

ligaba un Seat 1400 o 1600, con asientos extensibles, donde se podía estirar toda una chorba mientras vibraban en el altavoz las guitarras de los «Chungos». «Vaca, que nadie te puede parar».

Son escenas que estos tiernos ladrones de coches, aprendices de *aluniceros* o de *tironeros,* que hacen oposiciones al *chirlo* o al descuido, han visto ya muchas veces, como los cinéfilos de culto, *Casablanca,* la película del cáncer de pulmón, prieta en una atmósfera asfixiante de intriga y entrega romántica, donde siempre nos quedará París, como al Jaro la roseta de sangre en el tórax por la que entraba tanto aire como por el techo de un descapotable. Pocos saben que el protagonista Humphrey Bogart, *Bogey,* murió de un apestoso cáncer de esófago, tal y como estos chicos ignoran que *el Vaquilla* no logró nunca la felicidad, sino una extraña y fugaz fama que todavía le hizo más difícil el cumplimiento carcelario.

Mi amigo *el Pera,* lleno de buenas intenciones, les enseña la agenda de los amigos muertos: todos palmaron muy jóvenes, de un tiro o de un accidente. El lo evitó por aplicarse a la cultura, que es la única tabla de salvación.

Los que no saben de estas cosas creen que los chicos de 13, 10 y 8 años del poblado de la Jungla, un centro de realojamiento a tres kilómetros de Vicálvaro, Madrid, se montaron su propia persecución hartos de ver decenas de veces *Perros callejeros,* pero la cosa es más sencilla. Se echaron a lo de los coches, como auténticos hijos del Vaca, porque lo da el ambiente, porque nadie se echa a ellos para sacarles de la miseria, ni remedian su escaso desarrollo físico. En un poblado que bautizaron el

Cañaveral, pero al que le pega mucho más el nombre nuevo de la Jungla, porque está lleno de pequeñas fieras, se respira polvo de chabolas e infraviviendas, mientras que en el barro los BMW robados refulgen más que el sol. Meter la primera y casi pararlos, desbocados, apretando el freno que los pone de pie, es una aventura incomparable que hace que te sientas como *el Torete,* al que le dieron muerte por aplastamiento, justo con un coche que le desmigajó contra el muro. La muerte que quisieron otros hijos de *Vaca* para la virginal Sandra Palo, escapados del abandono y el agobio en barrios miserables. Esta es una pobre sociedad del siglo XXI, confundida y desesperada, en la que vuelven los sueños rotos del *Vaquilla,* el velorio del *Torete* y los restos del *Jaro,* aquel tipo rubiajo al que la Guardia Civil le voló un testículo.

Estos chicos tienen al *Pera,* que en su día tuvo a Tío Alberto, y poco más. Los centros de acogida son tan aburridos que apenas les retienen. La sociedad supuestamente civilizada les machaca con normas idiotas, les niega el pan y la sal, la educación y la alimentación. Pero en casi cada puerta hay un deportivo que se abre con la llave de una lata de sardinas. Suelen estar a tope de *gasofa* y no hay más que procurarse un ladrillo o un cojín para acelerar a fondo. Los guardias ni siquiera huelen el humo de los coches robados. Y si les pillan, la ley les pone a salvo. Con 13 años no se puede hacer otra cosa que echarles un rapapolvo, que es lo contrario de algo divertido, para lo que sobran cuatro letras y falta alguna «gachí» que se ponga caliente con un tubo de escape. El Madrid y la Barcelona de los setenta vuelven

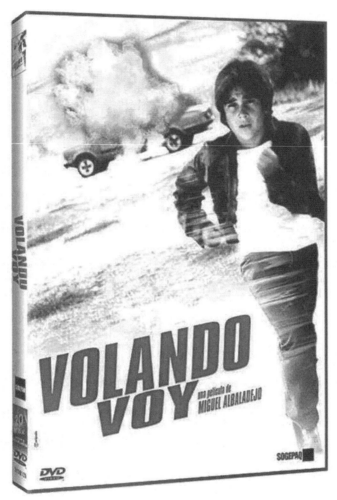

DVD de la película *Volando voy* (2006), dirigida por
Miguel Albaladejo e inspirada en la vida de *El Pera*.

Sandra Palo.

con sus persecuciones de película, ahora que aquel asfalto tapizado de droga está ya poblado de viejos cadáveres. Aquí, *chatarrear* y *chorar* son verbos de moda, como una segunda vida de la campana oxidada del *Titanic*. Los nombres son lo de menos: si tienes los ojos achinados, te ponen «Samurái»; si eres cuasi-enano, «Pumuki»; si embistes a la primera, «Vaquilla». Algunos no tienen padre y a todos los ignoran los políticos, si no está cerca el fotógrafo que haga una foto para las elecciones. Mañana será otro «puente» en una furgoneta o un Audi, de los que se dan como hongos, con nuevas carreras y trompos. Alguien con mal criterio ha decidido que no se puede hacer otra cosa. La ley del Menor, lejos de protegerles, permite que sigan su entrenamiento hasta el último derrape del Vaquilla.

6

EL BAÑO DE LAS AUTORIDADES DE ECUADOR

Eso sí que es preocuparse por la violencia. Un «grave, pero pequeño» incidente en el ferrocarril catalán ha movilizado a la ministra de Asuntos Exteriores, al cónsul en Cataluña, al defensor del Pueblo Ecuatoriano y hasta al mismísimo presidente Rafael Correa, («¡dales, Correa!»). El agresor de la niña ecuatoriana de 15 años está justamente en el punto de mira jurídico y político. Una verdadera lección a las autoridades españolas, que cuando nos llegó de extranjis *el Monstruo de Machala*, asesino en serie ecuatoriano, no lo denunciaron.

Liberado con extraña ligereza, terminó con la vida de una estudiante de Derecho en Lérida, pero los apocados políticos españoles no lo reclamaron, ni se querellaron, ni pidieron explicaciones a los responsables ecuatorianos que se quedaron sin rechistar. En Ecuador, a los monstruos como el de Machala no solo no les dan correa sino que ni siquiera les riñen.

Gilberto Chamba Jaramillo fue acusado de asaltar a diez víctimas y asesinar horriblemente a la mayoría de ellas. Una vez confeso y juzgado se le condenó a dieciséis años de prisión en Ecuador, donde no puede decirse que sean especialmente contundentes con las bestias humanas. Posteriormente le aplicaron una incomprensible ley del «2 x 1» de tal manera que le perdonaron la mitad de la condena, y por si fuera poca gracia y justicia, le rebajaron otro año más de cumplimiento al celebrarse la llegada del nuevo milenio, en el año 2000, dios sabe por qué.

Además, Ecuador es el único lugar del mundo en el que se pueden borrar los antecedentes penales mediante una práctica indisimulada y constante. Cuando Jaramillo fue descubierto en España como el Monstruo de Machala se fotografiaron por periodistas españoles cantidad de «oficinas gestoras» que ofrecen sus servicios, en algunas de las cuales puede dejarse en blanco la hoja de penales. De esta forma el *serial killer* Gilberto Chamba se presentó en Cataluña, tras cumplir solo siete años de prisión, con su pasado limpio y dispuesto al asalto de las jóvenes españolas. A María Isabel Bascuñana la sorprendió cuando recogía su coche en el parking en el que él trabajaba como «controlador», que es una especie de vigilante que no necesita papeles. De tal forma que, aprovechando que vestía un uniforme de supuesto guardia de seguridad, sorprendió, raptó, abusó sexualmente y finalmente asesinó a la chica.

Chamba es un tipo tan falso que durante un tiempo negaba con convicción tener nada que ver con lo ocurrido en su Machala natal. El hecho es que la coinci-

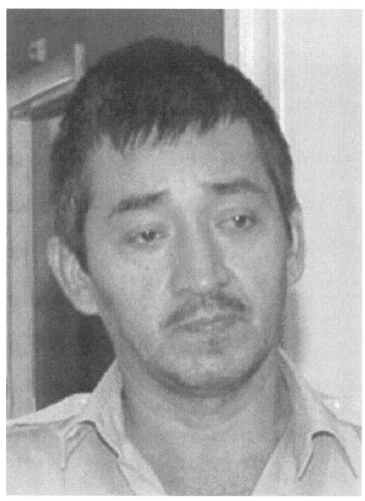

Gilberto Chamba Jaramillo

dencia fue descubierta por los periodistas que siguieron el caso, y luego, por la colaboración policial. Sin lugar a dudas aquel vigilante era el mismo que cuando ejercía de taxista en Ecuador, secuestraba mujeres jóvenes a las que sometía a violación y asesinato. Incluso fabricó un bastón con el que al parecer las violaba. Una vez en España, tuvo una segunda oportunidad, gracias a la incapacidad de las autoridades españolas para detectarlo, tanto como a los que ahora participan y vociferan desde Ecuador para controlarlo.

Política y crimen son interdependientes. La mayoría de los asesinatos se producen por la falta de seguridad, control, diligencia, dotación, sensibilidad y falta de previsión de las políticas que se aplican. El caso del *Monstruo de Machala* es paradigmático: descubierto por la policía recibió un castigo leve, casi inexistente, respecto al drama ejecutado, y luego le permitieron reiniciar su existencia con una carga letal. Seguramente los familiares de la chica catalana asesinada tomarán nota para que el Gobierno español reclame al ecuatoriano las indemnizaciones pertinentes, a las que accederán, con solidaridad, dada la alta sensibilidad y percepción de la violencia demostrada por el presidente Correa y los miembros de su gabinete en el «grave, pero pequeño» incidente del tren. Haber dejado suelto a un criminal solo comparable a Ted Bundy o al *Asesino de Green River* merece una reparación ejemplar, además del ofrecimiento de toda clase de explicaciones al Gobierno amigo de España.

Por si no captan la idea, los familiares de la asesinada, por la insuficiencia de la política preventiva, deberían reclamar y, naturalmente, presentarse en el querido Ecuador, con la factura de los daños y perjuicios. Acompañados del cónsul en Machala, si lo hubiere, como del mensaje del presidente ZP. Por otro lado, el defensor del Pueblo Español, siguiendo el ejemplo de su homónimo de allá, debería personarse en la causa de reclamación. Porque aquí ha atacado y matado el Monstruo y, dado que se presenta como insolvente, no hay lugar para las reparaciones morales ni materiales. Pero ahora, gracias al atentado racista del tren, hemos descubierto que los cargos políticos están para dar la cara y poner la pela.

Empiecen, pues, la ministra de Exteriores, el cónsul en Cataluña, el defensor del Pueblo Ecuatoriano y cuantos se consideren políticamente responsables del escándalo de exportar monstruos a dar explicaciones y repartir compensación a tanto dolor. Termine su excelencia Rafael Correa por modificar leyes o prometer reformas que impidan a los asesinos en serie salir del país y mucho más adoptar una nueva personalidad con impostura. («¡Dales, Correa!»). Por fin aprenda el elenco español cómo, de una vez por todas, se enfrenta una poderosa reclamación internacional. Si la pequeña pústula racista del agresor del tren ha movido las estructuras políticas, la herida sangrante del *Monstruo de Machala* debe hacerlas explotar, o todo esto no es más que un acto del gran teatro del mundo.

7

EL MENOR EXIGE RESPONSABILIDADES QUE LA SOCIEDAD LE NIEGA

La ley del Menor es una ley inadecuada con efectos perniciosos. Es un texto que ha caído fuera de época y para alivio de delincuentes. Los ciudadanos de bien, como María del Mar Bermúdez, la madre de Sandra Palo, asesinada por tres menores y un adulto, la sufren sin paliativos. El otro día fue a la puerta del correccional a esperar la puesta en libertad de uno de los homicidas de su hija, el Pumuki, que tenía 14 años cuando acompañaba a los otros a torturar, atropellar y quemar viva a Sandra con el contenido de una botella de gasolina que les costó un euro. El condenado no salió, tal vez por el enfado de la opinión pública.

El homicida de 14 años se diferencia del de 16 y también del de solo 10 años. Es un agresor con carácter propio, diferenciado de los otros. Una chica o un joven de esa edad, en la sociedad actual, están muy preparados: pueden conducir un coche, pero no les dejan; podrían trabajar, pero tampoco les dejan; podrían ahorrar, pero no pueden abrir una cuenta corriente. Sin embargo sí pueden mantener relaciones sexuales consentidas —desde los 13—, dar a luz, porque el legislador no puede evitarlo, e incluso testificar en un juicio. De hecho, el Pumuki lo hizo. También pueden redactar su testamento con valor legal. El chico de 14 años despega de la infancia y ya es un muchacho que pide responsabilidades que la sociedad estúpida le niega. Un chico que puede descifrar un teléfono móvil mejor que un adulto, que navega por Internet con mayor soltura que gran parte de la población, que sabe de informática y de motores de coches, pero que se encuentra limitado en la vida civil. Tiene que ser un niño porque lo dictamina la ley; una ley de otro tiempo, que no tiene en cuenta ni la preparación ni la formación. Una ley que ha creado «un niño jurídico» que no existe.

Al otro lado, las bandas de delincuentes mayores, como *el Malaguita,* asesino adulto de Sandra, condenado a sesenta y cuatro años de prisión, saben que en los chicos de 14 años hay una cantera de gran calidad. Reclutas para el crimen organizado: fuertes, inteligentes, avispados y deseosos de participar. Donde la sociedad le niega el derecho a tener carnet de conducir, la banda le pone un vehículo robado para que haga de Fitipaldi o de Alonso sin límites; donde la sociedad no le permite ahorrar, la banda le empuja a llevarse lo ahorrado; donde la sociedad no le da juego, la banda le da confianza. Un menor sirve para transportar explosivos, para robar un bolso, para sujetar a una niña mientras la violan, para practicar un «butrón» o un «alunizaje». La noche que mataron a Sandra iban tres menores en el vehículo. El más pequeño tenía 14 años y recuerda todo. Naturalmente su propio relato trata de exculparle, aunque las pruebas de la investigación lo ponen en su sitio.

En realidad no importa, porque el Pumuki, a cambio de ser un «niño jurídico», paga poco por su delito: cuatro años de encierro y otros tantos de libertad condicional. En realidad, libre al acabar la primera tanda, sin garantía alguna de que su paso por los centros de menores le hayan mejorado. La madre de Sandra, María del Mar, dice que el chico no está reinsertado y que lo único que ha pasado aquí es el tiempo.

María del Mar es la madre de todos nuestros hijos, el espejo en el que debemos mirarnos. Una persona que nos alumbra mientras se quema: miren lo que le han hecho a ella. Es lo mismo que lo de los padres de la pequeña muerta por las niñas homicidas de Cádiz; y lo de tantos otros. Es lo mismo que pueden hacernos a nosotros. Por una vez que sea mentira eso de que nadie cambiará esta ley hasta que no le pase algo al hijo de un político relevante, de un potentado de relumbrón, de un famoso del famoseo. Por una vez, que los votantes lo piensen bien antes y elijan votar a quienes les garanticen la actualización de las leyes y la lucha por la seguridad. Que no puedan tratarnos como si fuéramos todos menores de edad.

En Estados Unidos, el secuestro del «bebé Lindbergh» condenó a la pena de muerte a los secuestradores. Igualó a los criminales que matan con los que privan de libertad. En España los menores se saben los beneficios de la ley del Menor mucho mejor que los abogados. Las niñas de Cádiz felicitan al de la Catana por haber burlado a la justicia: «Ese sabe lo que se hace», dicen. Y acto seguido apuñalan a su antigua compañera.

En Orihuela, Alicante, tu tierra y la mía, Miguel, un menor de 14 años planeó el asesinato de otra pequeña cuando iba al colegio. La sorprendió camino del autobús, abusó sexualmente de ella y la mató. Ya estará en la calle o a punto de salir, porque han pasado unos años. Aquel crimen fue frío, planificado, mortal de necesidad. Un crimen de adulto aunque, según la ley, los niños tienen en España 14, 16 y 18 años... Pretendían hasta que pudiera hablarse de niños jurídicos de 21, pero entonces empezaron los de 17 a dar hachazos con la catana, a degollar a otros menores o matar a toda la familia... Y la cosa se quedó como está: de los 14 para abajo, son impunes. A partir de los 14, y hasta los 18, pagan poco. Y a partir de los 18, ya veremos, porque la sociedad políticamente correcta que pretende tener entretenidos a los chicos porque no encuentran empleo hasta muy tarde, no se pueden comprar un piso y no pueden asumir grandes responsabilidades, insiste en tratarlos como chaveas, lo que exige congelar su crecimiento y retrasar la mayoría de edad. Muchos se aguantan, pero otros matan de un tirón de bolso. Ahora bien, que nadie nos venga con la falacia de que están protegiendo a la infancia.

8

VALENTINO ERA UN
LATIN LOVER

Algunas televisiones que copian formatos y repiten hasta la saciedad las mismas cosas han elegido comentaristas que antes hablaban de la Pantoja o del mundo del *cuore* para hablar de graves sucesos o cuestiones de actualidad. A veces son personas entrañables que todo lo que saben de la Pantoja lo ignoran de los sucesos. Uno de esos analistas de cualquier cosa confundió hace unos días a los *latin kings* con los *latin lovers*. Es el reflejo de cómo la violencia se vuelve todavía más confusa y dañina envuelta en la maraña de las audiencias de la televisión.

La degradación del periodismo comenzó propiamente cuando servidores políticos copiaron una parte seleccionada de la prensa inglesa y la trasplantaron a España en frío, prácticamente sin traducir. Eso hizo que desaparecieran las secciones de sucesos y los periodistas especializados en hechos de sangre, misterios varios y noticias policiales. Los periódicos vistieron todos una misma camiseta blanca, despreciándose la antigua sabana, cubierta de una barba de aliño, impostada y tan falsa como algunas de las noticias.

Hoy en la tele, a causa del agotamiento de los espacios de corazón, se vuelve al recurso de la sangre y la impudicia de la obscenidad de la tragedia. Para comentarlos se reutiliza a gentes que hasta ayer han sido famosas en el campo de los amores y desamores, triunfos y fracasos, rupturas vendidas y abortos imaginarios. Algunos de esos reporteros, émulos del Paparazzo de Fellini, han pasado la prueba de la *Dolce Vita,* pero otros, los pobres, ignorantes del procedimiento policial y judicial, ágrafos de crónicas del desastre, improvisan de forma penosa, equivocándose tanto con su propia memoria como con los idiomas.

Los *latin kings* son una agrupación de reyes y reinas latinos que surgieron en las cárceles como reacción a un acoso racista. Con el tiempo, ellos mismo fueron convirtiéndose en otra cosa hasta ser capaces de exportar violencia y vileza, convertidos en delincuentes. Excepto en Cataluña, donde quieren reciclar los restos, hechos unos zorros, de la mejor operación policial contra bandas jamás soñada —y llevada a cabo en España—, en una asociación cultural. Pues bien, esa cosa son los *kings* y otra muy distinta Rodolfo Valentino, que era un *latin lover,* un amante latino, símbolo sexual de toda una época, aunque también una figura hinchada hasta la exageración, baste recordar como *El caso,* precisamente, periódico semanal de sucesos de impagable recuerdo, denunciaba cómo se manipuló la cola del funeral pagando extras que se hacían pasar por ciudadanos agobiados por la pena. En este mundo traidor y lleno de manipulaciones, donde la impudicia de los sentimientos se exhibe como una mercancía, confundir a los *kings* con los *lovers* es algo más que una simple trampa mental.

Indica que la información que se difunde carece de garantía. Hemos llegado hasta el punto de que un suceso como el acto racista contra una niña ecuatoriana, en un tren catalán, se convierte en un hecho de la «actualidad rosa». Los mismos comentaristas que hablan con soltura de la Casa de Alba o de las mujeres del torero Jesulín se atreven con el examen de las bandas del submundo. Resulta que el agresor racista de la niña parece que ha sido amenazado por los *latin kings,* cosa que estaría en coherencia con sus orígenes carcelarios, pero, al subrayar su importancia, el, por otro lado, famoso y seguido comentarista se trabuca y les llama «amantes latinos». Quedaba así montado el esperpento, a través del espejo del callejón del Gato, un espejo deformante que nos devuelve la actualidad convertida en un chisme de peluquería, un remoquete de la historia pintado en el vacío.

Los pueblos tienen la prensa que reclaman o, por decirlo en román paladino, la que merecen. El tubo catódico ha convertido en el extremo de su aberración a personajes de la actualidad en analistas de ellos mismos. De esa forma, la ex mujer de un torero puede contarnos en directo lo último de sus sentimientos sobre la nueva relación del que fuera su amor. Incluso el periodista puede actuar ya no como notario de la actualidad, sino en el caso de boda de ringorrango ser la propia madrina del acto, lo que queda francamente bien a la hora de relatar de primera mano el evento cerrado al público para preservar la exclusiva millonaria.

Esos usos de la prensa rosa, ¿son acaso trasladables al mundo negro? ¿Pueden hacer crónica negra los amigos de las folclóricas? Hombre, depende de lo que exija el medio. De momento a la tele solo se le exige audiencia. De tal manera que quien antes hacía fotos de famosos ahora puede hacer sociología, o quien estuvo casado con una famosa puede dar lecciones de moral y buen vivir cobrando por ello. Basta con que ustedes sigan mirando sin pestañear. Pero ¿será lo mismo hablar de bandas latinas, violencia callejera, asesinos o descuartizadores? No veo por qué no. Todo famoso puede tener un cadáver en su armario.

Llamarles *latin lovers* fue solo un *lapsus linguae.* Seguro que el hablante estaba pensando en esos tipos feroces de camisetas hasta los pies, gorras de béisbol vueltas y cadenones de chulo marciano. La mezcla de estilos favorece el espectáculo, aunque el sufrido televidente ya no sepa de qué va la cosa. Pero resaltemos que para confusión apocalíptica basta con los telediarios. La atomización de las audiencias produce monstruos. Goya habría tenido que pintar negro sobre rosa para obedecer a la demanda si hubiera sido realizador de televisión. De modo que los amantes latinos son *latin kings* disfrazados que pueden protagonizar un musical, contar las claves del asesinato o planear el robo aprovechando que han cambiado la estética de camiseta sin mangas, pantalones colgantes y cadenas niqueladas. Un analista de televisión no es necesariamente un periodista. Puede ser el hijo de un famoso, un famosete divorciado o el ayuda de cámara de una cantaora, como *el Golosina,* que dicho sea de paso lo hace mejor que muchos de los que presumen falsamente de carnet y asociación de la prensa. ¿Será adecuado en estos tiempos revueltos decir Zapatero a tus zapatos? Que lo cuente un *latin lover*.

9

CUATRO EN VEINTICUATRO

El martes 26 de febrero cuatro mujeres de distintas edades, en puntos distantes de la geografía, fueron asesinadas por su ex parejas sentimentales. En seguida surgió la nota de la hipocresía: era la primera vez que en veinticuatro horas morían cuatro a la vez. Sin embargo, el año había empezado muy mal y se contabilizan diecisiete asesinatos a estas alturas, en los dos primeros meses. El «martes negro» o «supermartes de la muerte» se veía venir, ante la incapacidad de la prevención, el derroche económico en instituciones que no funcionan y la falta de enfoque de la lucha contra la violencia. Todo el mundo parecía mirar para otro lado.

Es una política común la de obviar lo que pasa. Heredera directa de la Dictadura que no permitía que se publicara más de un crimen de sangre a la semana. Como ahora, aunque en esta ocasión se hace con mayor disimulo. Los espacios de sucesos se ningunean dentro de magazines con nada dentro en los que inevitablemente se acaba con el pase de los delitos con la frase funesta de la presentadora: «Y ahora vamos a cosas más agradables».

Es decir que quedan atrás los asaltos a casas con gente dentro, las desapariciones culposas de los cuatro niños que faltan de sus hogares y el batallón de mujeres asesinadas sin que, quienes tienen los medios, tengan el acierto de ponerle freno a tanto desbarajuste. Llega pues el «supermartes» con falsa sorpresa para todos: «Hay que ver, dos apuñaladas; y dos, a tiros». «Era una familia normal». «Apenas sí teníamos trato». «Pasó por aquí con la pistola en la mano como si nada». Uno le echa la culpa a los emigrantes, otro directamente a las mujeres, que no denuncian. Sin embargo, en cuanto se hace el más mínimo análisis de la situación, todos los diagnósticos fáciles se desmoronan.

De las últimas muertas, solo una era emigrante, el único denunciado había sido condenado a una pena inexistente, por lo que vagaba por la calle, eso sí, desposeído de todo y medio pirado. Triste balance para una pequeña ojeada: apenas sabemos nada sobre los crímenes contra las mujeres, que no son todos iguales. Eso sí, ya sabemos que la ley de Violencia de Género no funciona. El ministro Caldera diría «que es insuficiente».

La presidenta del Observatorio del Consejo General del Poder Judicial, Montserrat Comas, del que se ignora su eficacia, dice que «no se puede hablar de fracaso de la ley contra el Maltrato». Pues usted me dirá.

Por su parte, la vicepresidenta del Gobierno, María Teresa Fernández de la Vega, afirma que estos cuatro crímenes «son execrables», como si no lo fueran todos los demás, empezando por el del niño de 14 años, presunto culpable del homicidio de su madre. Se ve que no pisan terreno firme: no saben lo que está pasando. ¿Cuántos estudios tiene el Gobierno sobre la violencia real contra la mujer? ¿Uno?, ¿ninguno? ¿Por qué parece incapaz de explicar qué es lo que sucede? ¿Por qué aumenta y no disminuye el terrorismo doméstico, dadas las grandes inversiones dedicadas a combatirlo?

Prácticamente cada ayuntamiento tiene un concejal o concejala de la mujer, hay un Instituto de la Mujer, varios observatorios que no justifican su existencia, una delegada especial del Gobierno contra la violencia sobre la mujer e incluso un Ministerio del Interior, que en este aspecto no da un paso adelante. El secreto del teatrillo es que no saben contra qué luchan, ni han hecho el objetivo mérito de un minucioso análisis.

El forense Miguel Lorente nos informa, ahora, de que los agresores suelen acabar con la vida de sus víctimas a sangre fría, premeditadamente, e ignoramos si trabaja por cuenta de algún estamento oficial que le haya permitido el estudio de varios casos hasta estas conclusiones, que se pueden encontrar desde el principio del problema. Desde luego, los maltratadores son delincuentes; desde luego, los maltratadores homicidas, son asesinos. ¿Y por qué no tienen miedo a nada? ¿Por qué no les para la política del Gobierno?

Sencillamente, no existe política. Son solo actos teatrales, dramáticos: un minuto de concentración, las manos blancas, caretas; una ley contra los que no respetan el mandamiento de no matar. Papel mojado que se pasan por la entrepierna. La delegada especial destaca que solo una de las víctimas de este año había presentado denuncia contra su agresor, es decir, que todas las otras son culpables de falta de colaboración en su propia defensa.

Pero hay más autoridades que no paran la hemorragia, precisamente porque viajan en dirección contraria. La fiscal contra la violencia de género, otro pomposo cargo, pide que se denuncien siempre los malos tratos. Para este consejo de perogrullo no hace falta una fiscal especial.

Hemos llegado al «supermartes de la muerte» cargados de cargos sin contenido, a veces sin sentido, en el que cuatro mujeres han sido asesinadas por sus ex compañeros. Dos lo hicieron con cuchillos, hasta cierto punto fáciles de obtener, pero otros dos lo hicieron con armas de fuego que se procuraron sin mayor agobio. Los gobernantes deben controlar las armas, a los individuos agresivos, y también dictar normas disuasorias, que aquí no existen. Están demasiado ocupados mientras matan a las mujeres. Las mujeres están en peligro porque los delincuentes maltratadores no han sido especialmente señalados ni segregados. Una experiencia de maltrato comienza siempre con un ojo morado, o a la virulé, que detecta el círculo de la víctima, como el del verdugo, así como vecinos y transeúntes.

La violencia crece dentro de una relación de dominio, proceso que puede ser interrumpido. Basta con no ocultar los datos, con no solapar los hechos tras las noticias amables, porque si se ha hecho tan mal, igual las miles de mujeres amenazadas deciden no votar a los que no las protegen. Ni tampoco a los que no hablan de ello. La seguridad ciudadana se deteriora, una muestra es «el supermartes de la calavera». Con una ronda especial «para todos los especialistas en violencia de género» que el pasado 26 F pudieron hacer un máster especial hasta la próxima muerte, contada entre dos separaciones, un cambio de sexo y el llanto por el desamor de un *stripper* polaco.

10

«¡Un video racista, *neng*!»

Es un documento excepcional. Un video de primera. En sus imágenes puede descubrirse un comportamiento agresivo, chulesco, desconsiderado. Por primera vez, el desprecio de un acto impertinente, absolutamente injustificado, se documenta con el reflejo de todo lo sucedido, desde el primer insulto a la última patada. El protagonista es un gritón adicto al teléfono móvil que mide a las personas por su aspecto y lugar de procedencia. Pese a que queda absolutamente claro en el testimonio gráfico, la justicia española se muestra titubeante, insegura y nada contundente.

Pocas veces un acto xenófobo aparece más claro. La joven ecuatoriana viaja abstraída en sus pensamientos, cerca, otro joven, petrificado, asiste al ataque. Un energúmeno vestido de rojo insulta, veja, humilla, golpea y repite su jugada ante la indefensión. Un comportamiento que pasó ante el juez a primeros de mes, dejándole en libertad con cargos, pendiente de fijar los daños.

Parecía un sencillo asunto de bronca en el tren, pero el escándalo saltó a los medios de comunicación y explotó en la Red mostrando todo el poderío de la infamia. Eso hizo reaccionar a los políticos que están en periodo electoral. Hasta la ministra de Asuntos Exteriores de Ecuador se personó en la causa.

Pobre niña, vejada, golpeada, asustada, traumatizada. Y allí estaba él, tras prestar declaración, fresco como una rosa, cargándose la letanía de los defensores de la igualdad. Dispuesto a no darle mayor importancia: «Estaba borracho, *neng*», se excusaba. «Se me fue la olla», reconocía; y negaba la mayor: «No soy racista».

El ministro de Justicia, que fuera fiscal, alertó a la fiscalía, que había dejado que se le colara el asunto. Los campeones contra el racismo, pillados en falta. Con vergüenza ajena, se produjo una nueva orden de detención del agresor al que, de regreso ante el juez, vuelven a dejar en libertad, esta vez sin fianza, pese a la solicitud en contra.

Según trasciende a la prensa, el presunto autor de los hechos padece una enfermedad mental que ha pesado en el dictamen. La sociedad, ahora sí, no entiende nada. Tras veinticuatro horas de gran tensión, mientras el vídeo pasa una y otra vez por las pantallas de las teles y los políticos prometen rapidez y contundencia, el *neng* del tren vuelve a tomarse una caña en el bar de la esquina a salvo de la reconvención y el castigo.

La gravedad del asunto reside en la evidencia de la falta de planificación legislativa y judicial frente al brote racista. Igualmente el desarme argumental supone una presunta enfermedad mental que, según las primeras opiniones, no exime de responsabilidad, lo que indicaría

Impresionante imagen de la cámara de seguridad.

que el agresor fue plenamente consciente de lo que hacía.

El chico en cuestión, según nos cuentan, tiene una infancia de culebrón, angustiosa y devastadora. Tal vez eso explique que sienta una tendencia imparable a golpear al más débil. Aunque es más fácil entender lo que pasa si se retoma la investigación desde el principio: ¿con quién hablaba por teléfono? Es posible que estuviera retransmitiendo la jugada a otro como él, lo que podría delatar un grupúsculo de ideología ultra que se coordina y disfruta haciendo daño a los emigrantes, sobre todo si son mujeres jóvenes e indefensas, con las que siempre este tipo delincuencial se muestra gallito. Luego, atención al testimonio de la víctima, que concluye que no estaba borracho, aunque no pueda descartar que hubiera ingerido otras sustancias. Es decir que insultaba, decía eso tan bochornoso de «¡Vete a tu país!», golpeaba y pellizcaba el pecho a la niña, mientras no paraba de hablar por teléfono con el móvil pegado a la oreja, lleno de ínfulas despóticas.

Ahora se estudia si es un orate, es decir, si está loco de remate, pero el psiquiatra que le trata tiene sus dudas. Como la justicia española nos tiene acostumbrados, en cuanto aparece el fantasma de la enfermedad mental se desarman las acusaciones. El chico ya está en la calle, pese a las evidencias sobre su comportamiento. Se lo toma con descaro lo que muestra como lo peor de una conducta incívica y desproporcionada. Por tanto habrá que buscar por otro lado.

Por reducción al absurdo, el único gran culpable de esta conmoción epidérmica que ha dejado como racista en medio mundo a la nación española es el vídeo; y solo él. Sí, señores, las imágenes de las cámaras de seguridad son las únicas responsables, porque, sin duda, este vídeo es xenófobo, sin contemplación ni paliativos. En él, una persona desprotegida, huérfana de ayuda, en presencia de otro pasajero, inmovilizado por la sorpresa, es víctima de una acción injustificable, repugnante en sí misma, de indudable factura racista, que tiene como meta el rechazo de ciudadanos por el color de su piel o su procedencia geográfica. Es decir, que el video sí es racista y su difusión nos deja en mal lugar.

Establecida la situación, es mucho más fácil pechar con los retrasos y titubeos de la justicia, que tiene que repetir la jugada en el plazo largo de los días, sin descubrir hasta que pone en marcha la moviola que el chico no es que la tenga tomada con los ecuatorianos, sino que tiene una avería en las meninges. Por tanto, hay que entender que esté trastornado, pero suelto, porque al fin la cosa no es tan grave, ya que no hay sangre, por esta vez. El presunto autor puede ponerse a disposición de las televisiones que lo reclamen y explicar a todos su triste infancia que puede mover a llanto, e incluso tras esta cortina de lágrimas, esconder la auténtica motivación de un tipo muy joven con mucho odio.

Gracias a la reflexión y el cuidado que hemos observado en esta delicada introspección hemos conseguido la almendra de la solución: el único problema no es el racismo, porque «¡No somos racistas, *neng!*», sino que tenemos un empacho de imágenes grabadas. La claridad de la secuencia muestra a un individuo violento como gran peligro social. Que todo esté tan claro con la objetividad de la cámara sí que es un verdadero problema para la política y la justicia, porque el vídeo no admite interpretaciones. «¡Se trata de un vídeo racista, *neng!*». Pero el racista solo es el vídeo.

11

UN VIDEOJUEGO PARA MATAR BEBÉS

Estaba jugando a la videoconsola, enganchado con un videjuego, *Mortal Kombat,* enrollante y adictivo, mientras cuidaba del hijo de su pareja sentimental, un niño de un año, su hijastro. En el momento de mayor dependencia, cuando estaba en riesgo la mayor habilidad a los mandos, el bebé introdujo la mano y le hizo perder la partida. Luigi D., dominicano, de 19 años, perdió también la paciencia y descargó su ira con el pequeño al que reventó por dentro, dejándole moribundo tras una buena tanda de golpes sobre la cama. Esto es lo que cuenta.

Dice Luigi que llevaba varios días jugando sin parar a esta distracción de extrema violencia y tal vez por eso reaccionó perdiendo los nervios. Eso parece que sucedió el 1 de septiembre de 2007, entre las 12.30 y las 14.20, en su domicilio de Tarragona, en el que convivía con Yessica, madre del menor fallecido y, ahora, de una niña del procesado. Sus declaraciones ante la Audiencia

Provincial están cruzadas de sollozos con los que, obviamente, trata de conmover al jurado que tendrá que decidir si lo encuentra culpable. Como todos los presuntos homicidas, Luigi es convincente en sus explicaciones. En su caso, además, cree que ha dado con la interpretación correcta: echarle la culpa a la técnica, a los avances, a la industria de la distracción.

Exactamente igual que los asesinos que dicen que su arrebato criminal les llegó por una película o por la aventura de un cómic. Incluso llegó a colar con éxito la explicación de una asesina menor de edad que afirmó, en Inglaterra, haber sufrido el espasmo tras ver la sosa serie de Simon Templar, *El Santo,* con la que les aseguro que a nadie se le ocurre matar a una mosca.

Para Luigi es mayor disculpa que se tenga el cerebro agujereado por los videojuegos a que se sufra un rechazo visceral por un bebé molesto, llorón, que se queja constantemente, exige atención, se orina, al que hay que cambiar los pañales, dar agua y ocuparse de él, incluso que el hecho mismo de que todo esto lo hace sin ser su padre, teniendo bien presente que la mujer de la que ahora está enamorado, bestialmente, lo tuvo con otro, en una relación anterior.

Luigi, para aquellos hados benéficos de la ley del Menor española que hablaba de niños de 18 años, tiene solo 19. De manera que es un niño inmaduro jugando a la muerte con otro niño. Un chico de escasa preparación, intemperante, caprichoso y supuestamente violento. Pero con la capacidad que tienen los homicidas para disfrazar sus actos y buscar excusas que puedan explicar lo inexplicable. También al hilo mismo de los tiempos.

Luigi es lo bastante hombre para haberle hecho una niña a su pareja; y lo bastante hombre para convivir con ella. Junto a las virtudes de vigor y fuerza, típicas de la masculinidad, debe aparecer la capacidad craneana que permita albergar la justa valoración de la vida como el principal valor de la Tierra. Normalmente los hombres sienten además un impulso paternal, que les empuja a proteger a todos los niños, aunque sean de otros.

Claro que este no es el caso de los chicos descarriados, mandones, egoístas, colgados de las máquinas y de sus adicciones. Esos chicos pierden pronto la templanza y la emprenden a golpes. Una vecina ha declarado en el juicio que en una ocasión escuchó, procedente de la casa del crimen, los gritos de una mujer que suplicaba: «No me pegues, que me vas a matar».

Pero Yessica, la madre dolorida, no ha declarado en contra de su pareja, con la que ha seguido manteniendo relaciones. Se diría que comprende que aquello pudo ser un accidente, una reacción desproporcionada en medio de la virulencia de una adicción. Es el ejemplo de cómo algunas parejas, en los tiempos que corren, no están debidamente preparadas para defender a sus hijos, ni siquiera suficientemente informadas del valor que tienen las cosas. Nos encontramos ante un comportamiento casi animal, en el que la hembra se somete al macho, aceptando sus parámetros y convicciones; sencillamente porque le da pánico quedarse sola. Abandonada una vez, teme no encontrar nuevo compañero. Quizá decide aceptar lo conseguido con todos sus defectos. «Luigi y su consola —piensa— es mejor que la soledad».

Pero más allá de la esfera privada, respetable, está el delito público. La justicia tiene que proteger a los niños y no puede creer en la farfulla del presunto homicida. Interesa saber si el niño murió a causa de los golpes de Luigi; el argumento que él esgrime es lo de menos. El niño murió, si fue así, porque estaba al cuidado de una persona que no tenía conciencia de su fragilidad, ni de su exquisita obligación de velar por la vida del más débil. Estar colgado varios días con una videoconsola es una estupidez, pero no una excusa. Tampoco parece una atenuante de la responsabilidad criminal y, mucho menos, una eximente.

Perder una partida y dejarse llevar por la violencia no es más que una muestra de una existencia hedonista que no ha adquirido la perspectiva de lo que significa compartir la vida con otras personas; aceptar quedarse al cuidado de un bebé es asumir los riesgos y combatir los imprevistos. Si lo mató él, como parece, estamos ante Luigi el indolente, Luigi el rebelde sin causa, Luigi el vicioso del pasatiempo, que encima cree que puede librarse explicando a todos lo malas que son las máquinas para el coco; que apenas te descuidas te hacen un agujero debajo de la gorra de béisbol por el que se te escapa la conciencia. *Mortal Kombat* es la lucha por la existencia. El procesado lo aprende frente al tribunal donde llora por haberse dejado embaucar. Y, sin embargo, seríamos bobos si nos creyéramos este cuento: un homicida le pega a un niño una paliza mortal porque lo odia. Hay muchos motivos para eso, pero uno de los principales es que el pequeño haya sido engendrado por otro en el vientre de su mujer, que considera de su propiedad: monte de Venus, trompas de Falopio, ovarios y óvulos incluidos. Tal vez, en ese momento, ni siquiera estaba jugando a la videoconsola.

12

EL CHICO NO SABE
LO QUE HACE

Primero acudió al taller donde trabaja su padre, a ciento cincuenta metros de su casa, y alertó de que había encontrado muerta a su madre. Sucedió en un pueblecito de Granada. El chico tiene 14 años y estudia segundo de ESO. Serían las ocho de la mañana cuando avisó de que su madre estaba muerta con un disparo en la cara.

La señora, de 40 años, identificada como I. M., yacía tendida a la entrada de la casa sobre un charco de sangre. Desde el principio la posición del cadáver, la ausencia del arma cerca del cuerpo, la trayectoria del disparo y otros hechos singulares, como que la mujer no estuviera vestida, ni la puerta forzada, excitaron la natural curiosidad de los agentes que empezaron a recelar del relato del joven que insistía en que había encontrado el cuerpo muerto sin saber nada más. Repetía su versión fríamente, sin vacilar, pero la experiencia de los investigadores le hizo caer en una fuerte contradicción.

Sencillamente, le hicieron repetir el relato de los hechos, y en ese trance, incurrió en términos incompatibles. Mientras, se barajaban las distintas hipótesis, entre ellas una lejana de posible suicidio, meramente de manual, porque nada hacía pensar que pudiera encajar en los hechos. Entre otras cosas, el arma no estaba junto a la fallecida. Por otro lado, siempre queda la posibilidad de un robo, y, en este caso, coincidía que la familia había recibido recientemente un importante ingreso procedente de un premio de la lotería. Sin embargo, no hizo falta indagar más, porque la versión del sospechoso flojeaba.

En un primer momento, se avino a reconocer que sostenía una escopeta cuando se escapó el disparo que atravesó a su madre. Los agentes de la Policía Judicial de la Guardia Civil, casi paternales, le ayudaron, con mucho tacto, a desahogarse, a soltar aquello que le oprimía el pecho como una piedra. El chico explicó que estaba manipulando el arma cuando salió el tiro. No hubo quien le sacara de ahí, pero otra vez lo que decía entraba aparentemente en contradicción con la realidad.

Un simple intento de reconstrucción de lo ocurrido hacía saltar las alertas: la posición del tirador, el cuerpo desmadejado y muerto, la insólita proximidad del disparo, dejaban abierta la posibilidad más aterradora: que el disparo se hubiera hecho a sabiendas, con la intención de matar. Ahora la posibilidad se estudia con método científico para probar la verosimilitud de la hipótesis frente a la versión atropellada del muchacho que ha pasado de ser un simple testigo a un presunto responsable imputado por una muerte, si bien, siempre escudado por la ley.

El cadáver de la madre presentaba un enorme boquete en la cara resultado de haber recibido un impacto casi a bocajarro. Debió morir enseguida. Se supone que poco después el muchacho salió corriendo para avisar de lo ocurrido. En toda investigación criminal el testigo que encuentra el cuerpo del delito pasa a ser un personaje esencial. La edad del joven, que lo sitúa en el campo de acción de la ley, por muy poco, puesto que si en el momento de los hechos hubiera tenido un segundo menos de los 14 años, habría entrado en la completa impunidad, incluso si se demostrara que dio muerte con la intención de matar, ha hecho que sea puesto a disposición del juez de menores del juzgado número 2 de Granada, quien dispuso su internamiento en un centro de régimen cerrado, en Almería, por la presunta participación en el homicidio.

El exquisito trato que han desarrollado las fuerzas policiales en la indagación de este caso queda plasmado por la forma en la que los agentes protegían al chico ocultando su rostro con una capucha y sujetándole amorosamente la cabeza con el fin de librarlo de la funesta publicidad.

Pese a la gravedad de la sospecha, el presunto puede pasar pronto a un régimen de vigilancia semiabierto o incluso quedar bajo la tutela del padre u otro familiar directo. En tanto recibirá cuidados psicológicos en el centro de menores, donde solo puede estar seis meses, que como mucho podrían extenderse a otros tres, debiéndose celebrar en ese plazo la vista del caso.

En asuntos similares en el resto del mundo, aunque la legislación cambia, se tiene comprobado que para resultar autor de un hecho de estas características, a tan corta edad, hay que atravesar dos fracturas: la primera, la del respeto familiar, en la que el hijo se levanta contra los padres; y la segunda, cuando se salta a la torera el temor a la sociedad. El chico que hace algo parecido sabe perfectamente el poder de las armas de fuego. Así como dónde se guardan, si es que las hay en la casa, y cómo encontrar la munición, porque deben estar descargadas. En la mayoría de los hechos estudiados, el joven agresor resulta hábil y un auténtico experto en el manejo. Hay que saber cargar, apuntar y disparar; incluso en un disparo a quemarropa.

En la casa donde sucedió la tragedia se guardaban, según fuentes de la investigación, media docena de escopetas a las que ahora se les van a practicar distintas pruebas para saber con certeza cuál de ellas pudo ser la causante de la muerte.

Sobre el móvil que habría provocado el disparo se maneja la posibilidad de que se trate de un ataque de ira, ante la amenaza de la madre de prohibirle salir, debido a un presunto mal comportamiento que le habría originado recriminaciones familiares y problemas escolares.

Mariano Rajoy ha prometido endurecer el trato de la ley del Menor para casos especialmente graves o multirreincidentes, así como rebajar la edad penal a doce años, en ocasiones especiales. Sin duda, de confirmarse la autoría que aquí se investiga, entraría por derecho propio entre los asuntos a reformar. En la actualidad, un homicida de 14 años, incluso aunque se le pruebe alevosía, es decir, que esté inserto en un asesinato, puede escapar con cuatro años de reclusión y libertad condicional, eso si es que por buena conducta no se le reducen. La actual ley del Menor permite, entre otras cosas, que las bandas de adultos utilicen a los chicos para los delitos más graves, puesto que son capaces de cometerlos y apenas pagan por ello. También es cosa sabida que la mayoría de los niños violentos conocen que la ley les garantiza un pequeño castigo hagan lo que hagan. Incluso si matan a su propia madre.

13

LA IDEA FRANQUISTA DE LA VIOLENCIA DE GÉNERO

El poder tiene una idea recurrente: si hablas de violencia de género puedes provocar más violencia de género. No solo es mentira sino que encima es una idea franquista. Franco partía del mismo supuesto que no ha variado desde que los nacionales entraron en Madrid. El poder es cómodo, acomodaticio y sensible a las propuestas que le eximen de dar la cara. Ni siquiera hay mayor diferencia entre el Gobierno central y los autonómicos. Por ejemplo, de las televisiones desaparecen los programas de sucesos y jamás se ha creado uno para concienciar a la población de que su intervención puede ser definitiva para terminar con la mujer como víctima preferente de todos los delitos de sangre.

Nada de esto pasa por casualidad. Sencillamente, si no se difunden los hechos criminales, parece que estamos mejor gobernados. Es falso, pero la apariencia ayuda al poder. De ahí que los progres, especialmente cuando están en el machito, se apunten siempre a ignorar las noticias de la delincuencia. Para ayudarse se rodean de supersticiones falsamente sociológicas, basadas en algo tan delicuescente como otra vez el pecado franquista que dejó clavada a fuego la convicción de que los suicidios se pegan. Es decir, se trata del mismo mecanismo: no hablemos de suicidios, porque animamos a otros a tomar la misma determinación.

Algún día, cuando suba el presupuesto de investigación, se sabrá que el supuesto del joven Werther al que se le atribuyen una oleada de muertes por amor no correspondido en toda Europa es solo una leyenda urbana. En la actualidad, los esfuerzos del Gobierno, y los también esfuerzos equivocados de la oposición, que han creado prácticamente un observatorio inútil de la lucha de género por municipio en toda España, movilizando enormes cantidades de recursos en una dirección equivocada, una ley que ha roto con la igualdad entre hombres y mujeres y por fin culminado su gigantesco «esfuerzo de la nada» en un ministerio creador de neologismos espúreos como «miembra» e «inferiorizar», la guinda de un gabinete con dudosos rendimientos intelectuales, no han logrado ni siquiera concienciar debidamente a los agentes directamente implicados en la lucha contra el maltrato.

Uno de los últimos asesinatos de una mujer por cuestiones de dominio en la pareja, que tiene por víctima a Gabriela Toledo, de 31 años, apuñalada en la calle Acacias (Las Rozas, Madrid), revela que pidió ayuda dos veces a la Guardia Civil, unas horas antes de morir, consciente de que estaba en peligro. Aunque el denunciado tenía orden de alejamiento y de expulsión por delitos de los llamados de género, las fuerzas del orden se mostraron poco concienciadas y nada acertadas. En vez de detener al sospechoso y tantearle sobre sus propósitos, evaluando el riesgo real, se dedicaron a examinar rigurosamente la denuncia, sometiendo a la mujer a esa sensación que más de uno ha tenido en la comisaría o el cuartelillo cuando trata de combatir un delito y se siente tratado como un delincuente. Es algo que desde el franquismo todavía pasa.

Gabriela era víctima de celos exacerbados que llevaron al presunto autor de su muerte al acoso y la amenaza. Según sus palabras, era obligada a seguir al que había sido su compañero sentimental contra su voluntad; también contra su voluntad, someterse a sus deseos. Esto pasa todos los días y podemos sospechar que muchas mujeres no denuncian porque no se fían de las promesas tan publicitadas del Gobierno. En realidad, ¿es capaz el Ejecutivo de proteger a las mujeres contra el maltrato?

Cada crimen de género desvela que no. La muerte reiterada de las mujeres a manos de sus esposos o novios es un nuevo fracaso de una política de fuegos de artificio. Se prometen intervenciones rápidas, pero se pierden en el barullo de juzgados que están a reventar de asuntos menores; tomando como mayores los de persecución y muerte.

Por otra parte, los mismos agentes que trabajan a diario con las denuncias de género no están lo suficientemente sensibilizados. Una prueba más es esta de la mujer boliviana que acude con pánico a denunciar y con pánico la despiden sin arrebatarla de los brazos de su agresor.

La mala política de la lucha contra la violencia de género parte de una falta de comprensión general, lo que evita conocer que, en definitiva, se combate a delincuentes. Criminales que golpean, acosan y abusan de sus víctimas hasta que un día las matan. Eso no lo hacen hombres normales y corrientes deformados por una pútrida idea política cruzada de machismo, sino delincuentes a los que se les concede el estatus de anómalos sociales y se pretenden desactivar mediante lavados de cerebro.

Gabriela se creyó la propaganda oficial de que las mujeres están defendidas, comprendidas y respaldadas. Cuando se vio en peligro trató de cubrirse, comportándose como una buena y crédula ciudadana. Eso no impidió que fuera apuñalada hasta la muerte en el rellano de la escalera, a la vista de su madre e hijo.

La peripecia sentimental de Gaby, como la llamaban sus amigos, había sido complicada, pero últimamente evolucionaba hacia la amenaza y la violencia. Ella pensó que, echándole valor, podría ponerle punto y final. En España, para su desgracia, se procura solapar la eficacia con la buena voluntad y las iniciativas de escaparate. En menos de un año, siete mujeres han muerto en Madrid. No sabemos cuántas de ellas han sido asesinadas por haber creído en la falsa seguridad del franquismo sociológico que evita darle importancia al crimen.

14

Madres agotadas pierden la cabeza

Parecía una buena idea: cerrar los manicomios e integrar a los perturbados en la sociedad. Era tan bueno que hasta los políticos acabaron por aceptarlo. Así que se cerraron los centros psiquiátricos y se envió a los enfermos bajo la atención de sus padres, en especial, de las madres. Esa acción, cumplida sin demasiadas cautelas, llevamos décadas pagándola. Uno de esos réditos fue recientemente el crimen de Santomera, en el que un joven trastornado cortó la cabeza de su madre y la paseó por todo el pueblo dándole besos.

Este «síndrome de la cabeza cortada» es el que sufren en España un gran porcentaje de las cuatrocientas mil familias que aproximadamente tienen hijos u otros seres queridos con graves dolencias mentales. Cuando se trata de jóvenes, estos crecen y se hacen fuertes mientras las mujeres que los cuidan, normalmente las madres, pierden fuerza por la edad y se van agotando en el enorme esfuerzo de velar por ellos. Los familiares de los perturbados mentales no están preparados ni reciben suficiente ayuda para ser el relevo de la red asistencial del Estado que, de pronto, tomó el camino, supuestamente humano, de devolver a los enfermos a las familias.

Desde entonces, el reguero de muertes es habitual en las páginas de sucesos. Hubo un hecho que debió marcar un antes y un después, por su espectacularidad y la denuncia que significaba. Fue conocido como el crimen del Exorcista de Córdoba, cometido por Álvaro Rafael Bustos Ruiz, de 33 años, músico de profesión.

Sucedió el 4 de enero de 1987, cuando Álvaro dio muerte a su padre, Manuel Bustos, de 70 años, catedrático jubilado de violín en el Conservatorio Superior de Música y miembro de la Real Academia cordobesa. El agresor, dentro de una idea delirante, pensaba que su padre era el demonio y le clavó una estaca en el corazón.

Igualmente seccionó los talones al cadáver para impedir que pudiera salir corriendo, en caso de que, gracias a sus poderes mágicos, volviera a la vida.

Álvaro fue un músico de éxito con el grupo *Trébol* y su canción *Carmen*. Eso le marcó y mucho más el vacío que se desancadenó poco después. Las nuevas actuaciones musicales no tuvieron tanto seguimiento y se produjo cierto abandono en la depresión. Era un hombre seductor, extrovertido y bien educado. Sentía una pasión desmedida por los libros de brujería y magia negra. Influido por estas circunstancias, se llenó los bolsillos de sal, dio la vuelta a los espejos de la casa para que nadie pudiera escapar por ellos y se introdujo en el dormitorio de su padre. Fue en su domicilio del barrio de la Mezquita. Mientras su progenitor estaba tendido en el lecho le clavó una estaca puntiaguda a través del quinto espacio intercostal, partiéndole el corazón.

La estaca era parte de una barra para las cortinas que había reformado con una lima. También la había frotado con ajos y sal, supuestamente para llevar a cabo un exorcismo.

Confesó a la policía que su padre le reveló que era Satanás «y que quería el mal para el mundo». Poseído por un deseo justiciero ató el cadáver de pies y manos, lo metió en el coche y lo paseó por Córdoba con la intención de buscar un lugar para incinerarlo con madera de encina.

Carlos Castilla de Pino y otros peritos psiquiatras que estudiaron a Álvaro Bustos determinaron que padece una psicosis paranoide crónica.

El agresor se dirigió a la comisaría con el coche en el que llevaba el cadáver maltratado. Juzgado, fue absuelto del delito de parricidio por enajenación mental e internado en un psiquiátrico con una enfermedad que, según los expertos, carece de posibilidades de curación.

La idea política de dejar a los enfermos mentales en la calle, independientemente de las posibilidades que tengan de ser correctamente atendidos, no sufrió en aquel momento ataque alguno que la obligara a modificarse o reformarse. Desde entonces han sido numerosos los casos en los que los familiares han sufrido los delirios agresivos de las personas a su cargo sin que políticamente se hayan tomado medidas.

En el caso de Álvaro, del que se sabe que pudo consumir diversas sustancias, no se tienen referencias directas de la incidencia de las drogas en su enfermedad, aunque se sospechan. En general, muchas veces son las drogas, en especial la cocaína, aunque también cannabis u otras, los desencadenantes del proceso psicótico.

En el caso del joven de Santomera, Ángelo Carotenuto, de 34 años, que, presuntamente, apuñaló y cortó la cabeza de su madre, Teresa Macanás, el proceso queda perfectamente establecido puesto que fue diagnosticado hace nueve años de trastorno esquizoide y toxicomanía. Desde entonces fue internado dos veces en el psiquiátrico penitenciario de Fontcalent, en Alicante, por amenazas y malos tratos a su madre. Se investiga si tomó drogas y alcohol antes del crimen, así como si este fue el resultado de una discusión con la víctima en la que ella se negó a darle dinero. Muchos drogadictos, en pleno síndrome de abstinencia, amenazan a sus seres queridos con palabras que ahora han resultado proféticas: «Dame dinero o te arranco la cabeza».

Tal vez el sistema de salud mental se limite a permanecer inalterable e inasequible a la espera de que vuelvan a suceder otros crímenes cometidos por enfermos que, desde mucho antes, pero con más claridad desde el crimen del Exorcista, siguen una pauta: no aceptan la enfermedad, dejan de tomar la medicación y convierten a su madre o padre en objeto de su delirio. En la práctica, muchas personas que intentan ingresar a sus hijos en psiquiátricos no lo tienen nada fácil. Están faltos de ayuda y los legisladores no piensan en ellos. Sirva de ejemplo la víctima de Santomera, Teresa Macanás, que denunció su caso, ya en 2001, en televisión. Adelantó, profética, que su hijo la mataría y que, entonces sí, acabarían encerrándolo; y no le sirvió de nada. ¿Seguirán sucediéndose las muertes sin que se tome ninguna medida?

15

El huevo hidratado

Las cárceles españolas son extrañas a los periodistas. Desconocemos lo que pasa tras los barrotes desde que el Loco de la Colina le preguntó al Matamendigos a qué sabe la carne humana. Estas cosas que nunca son por casualidad se deben a que los políticos no quieren que sepamos qué pasa con esos centros de detención de hombres y mujeres, llenos a reventar. Pero, aunque nosotros no estamos autorizados a pisar las prisiones, los delincuentes, para compensar, se han hecho de vaivén. Por ejemplo, Manuel Álvarez Riestra, *el Solitario* de Asturias, estuvo dentro y se fugó de la cárcel de Villabona, en Asturias. Salió queriendo llenar la hucha para una vejez sin turbulencias, pero volvió al atraco y fue sorprendido, con 67 años, la dentadura postiza y quizá la próstata como una patata. Álvarez Riestra vuelve al trullo, desarmado y hundido, capturado en Huelva, como un triste jubilado con pensión no contributiva. Es un «pringao» de ida y vuelta.

Como lo es Alejandro Martínez Singul, que regresa a España tras enseñarle el pene erecto a una niña de nueve años, francesa e inocente, de la que quiso abusar, pero sufrió un gran chasco. Allí el gran Sarkozy se ha prometido a sí mismo acabar con los pederastas y está en ello, por lo que Martínez Singul, *el Segundo Violador del Ensanche,* de Barcelona, tuvo que salir despavorido para salvarse de una buena. El juez gabacho, ahora motivado, está deseando encontrarse con un abusón de niños para hacérselo pagar; por si fuera poco con su disponibilidad, está también la ley, que le permite condenar a un pedófilo incluso en rebeldía. Martínez Singul lleva sobre su cerviz la condena francesa de un año de cárcel por delito sexual en grado de tentativa; y eso que apenas sacó el colgajo, invitando de lejos. Si lo pillan más de cerca, le ofrecen la oportunidad de leerse entera la *Comedia humana* de Balzac, todo el tiempo a la sombra.

En España, este «violador del Ensanche», heredero de López Maíllo, confundido como del rayo por una enfermedad degenerativa que dejó a medias uno de los experimentos más atrevidos de la Generalitat catalana, algo catatónico como el plan Ibarreche, estaba condenado a sesenta y cinco años por abusar de niñas de 9 a 18 años. En Francia esto le habría llevado a los bajos de la Bastilla, solo salvándose por Carla Bruni de la guillotina.

El sistema penal español, en lo que respecta a los violadores, abusadores de niños, asesinos pederastas y salteadores de tumbas, es más flojo que la pata de un conejo. Martínez Singul, que tiene cara de retrasado, espabiló sobre la marcha y obtuvo del juez Baltasar Garzón el cumplimiento de la pena francesa en territorio nacional, sabedor de que las huestes de Napoleón le habrían hecho picadillo. También evitó el cumplimiento entre los barrotes de la barretina porque en Cataluña se la tienen jurada.

Respecto al atracador llorón y quejica que sufre ahora por no haberse podido hacer una hucha para la vejez, que le llega de golpe, hay que decir que imitaba a Jaime Jiménez Arbe, aunque a este no lo detuvo la policía portuguesa, con un fado y un vaso de *vinho* verde, sino la Guardia Civil, que llamó Federico García, antes de que le dieran al gitano señorito tres golpes de sangre y se muriera de perfil. Álvarez Riestra entraba muy chulo en los bancos, con un revólver, marca la pava, tirándolas de refilón: «Yo creo que no os pagan para que os mate, pero vosotros veréis», decía retando al personal.

«Mira, chorizo, tú te escapaste de la prisión de Villabona porque aquí el personal, que dice Forges, se cree todavía eso de que todos los marrulleros son capaces de reinsertarse, aunque no tienen ni uno para enseñar». Álvarez Riestra se puso la peluca para cubrir la calva y la perilla que se fijaba en su cutis de terciopelo donde se aplica el gel de rápida absorción, *cream for men,* con esa cara de huevo hidratado que se le quedó, cuando la pasma le puso el mosquetón en el trasero, allí en el concesionario donde pretendía comprar un *buga* de segunda mano para seguir dando «palos» en las entidades bancarias.

Álvarez Riestra, como Martínez Singul, no debieron salir nunca de prisión, porque son delincuentes de ida y vuelta, al margen de la reinserción y de los programas de recuperación, que los señalan como merecedores de

Martínez Singul en una fotografía policial.

privilegios. Álvarez Riestra montó el escándalo y la huelga, reivindicando su buen comportamiento. Es mentira que la población que los sufre no tenga otra salida. Puede exigir el cambio de ley, la aplicación de la doctrina Parot y el sursuncorda, salvo que todo el mundo se siga tragando que la aritmética penitenciaria es la más exacta.

A Martínez Singul habría que haberle dado boleta para que pagara en Francia lo que hizo en Francia; y dejarse de pamplinas. A lo mejor nos lo habrían devuelto maduro y curado de traumas, no como ahora que padecemos un tipo extraño que niega la evidencia y permanece ciego en su impulso de hacerle daño a niñas y jóvenes de hasta 18 años. Como él, tenemos en la calle a otros violadores, como el de Vall d'Hebron, o el menor que ha salido con más de una decena de asaltos sexuales a sus espaldas, y otros que hacen cola, como el asesino de las niñas de Alcácer y *el Violador de Pirámides* de Madrid, con un pie en la calle. La política de igualdad no afecta a la reducción de la amenaza a las mujeres, porque todos estos criminales son victimarios de mujeres.

En fin, que en las cárceles de la democracia se ha instalado una puerta de vaivén, como la de los casinos, por la que desfilan los peores atracadores y los mayores delincuentes sexuales. Un barullo que se aprovecha de la escasa especialización de los periodistas de la violencia que ahora creen que los pantanos los hizo la Segunda República, que Santiago Carrillo es un anciano vulnerable y que los delincuentes de ida y vuelta están por estudiar lenguas para que los acepten en las autonomías.

16

LOS JOYEROS JORNALEROS DE LA ALHAJA

En Leganés, Madrid, han degollado a un joyero en el interior de su tienda. Los joyeros llevan años quejándose y no les hacen ningún caso. La capital de España tiene un déficit de cinco mil policías, aunque eso es según un baremo antiguo, el que facilita el peor Ministerio del Interior que hemos tenido, porque es el Ministerio del bla, bla, bla. Los policías se quejan, los que tienen ánimo, de que los están convirtiendo en «el ejército de Pancho Villa», con coches desfasados, sin gasolina y pistolas sin bala.

En la oposición hay gente que parece que forma parte del Gobierno. Nadie se ha olvidado todavía de que en los debates electorales no concedieron ni un segundo a la seguridad. Como consecuencia, los pederastas invaden Internet, no entran en las prisiones y disfrutan de permisos que les permiten abusar de niñas al poco de pisar la calle. Los secuestros se calculan uno cada tres días, antes de que termine el año, y aumentan los timos y los alunizajes. Algún día, alguien sensato se planteará para qué se hacen las leyes y a quién deben servir.

Y harán leyes para que una niña llamada Mari Luz juegue en la plaza sin posibilidad de ser abducida, y un niño que se llame Yeremi no se convierta en humo y una niña que se llama Sara Morales visite sin peligro un centro comercial; y no capturen a un empresario porque algunos chorizos se han quedado sin liquidez. No secuestrarán a Ávila porque no pueden con el hijo del Pocero, que oiga, «tiene un par». Dan ganas de comprarse algo en Seseña, donde no falta lo que le sobra al caballo del Espartero, en la urba del progenitor. Porque Francisco Hernando J. R. los tiene bien puestos, como su padre, y ha dado una lección silenciosa, de esas que llegan boca oído. Paco Hernando se vio en el fondo de un zulo, como los que fabrican estos nuevos terroristas de la miseria, y sacó redaños para poner en fuga a los cobardes.

Seseña, el residencial de los Pocero, los jardines con la estatua de los abuelos, y el avión que Paco presta para que traigan a la chica de hipersensibilidad química se han convertido en una bandera de la resistencia cívica. El residencial Seseña es la bandera del Pocero, el primer lugar donde Junior hizo retroceder a las huestes de la banda de Rodríguez Pueyo y el presunto primo de Rajoy. Olé tu coraje, macho. En esta sociedad tan blandita, quieren desmerecer tu gesto, pero con gente así no pueden los delincuentes. Lástima que saliste herido, aunque dicen que tienes la cabeza dura y el ánimo resuelto. Enhorabuena.

Un error de un juez con resultado de muerte de la niña Mari Luz puede solventarse con una multa de mil quinientos euros, un error de los «llamados insalvables», presuntamente cometido por un periodista y toreado por lo civil, no se escapa por menos de setenta mil euros, en el país de los periodistas mileuristas. La ley mordaza se extiende, mientras llaman a la crisis recesión momentánea del helado Solbes, que ya tuvo déficit con el Gobierno de González, donde Amedo jugaba a policía de Madeleine queriendo contar *a verdade da mentira.*

Habrá un político sensato que no será el que dice, como Trillo, que el debate de la cadena perpetua es inútil. Se planteará que tanto más inútil es dejar a alguien en libertad vigilada durante veinte años. El Gobierno acaba de inventar la cadena perpetua de la libertad vigilada. Tontadas de tiempo de crisis, donde los presos que revientan las cárceles son puestos en libertad en contra de la opinión de la Junta de Tratamiento. En estas juntas están los que siguen a diario el comportamiento de los reclusos. Ellos informan que no es adecuado soltar, ni siquiera por un fin de semana, a determinado preso, pero aquí está algún juez, o jueza de vigilancia, no todos, el que podría poner en libertad a Rodríguez Menéndez, por ejemplo, que en contra de la Junta de Tratamiento y sus dictámenes, hace valer el voto de calidad y deja libre al más peligroso.

Un criminal en libertad, que no debiera haber salido, es presuntamente el que rebanó el cuello del joyero de Leganés. Los joyeros son los jornaleros de la alhaja. En este mundo del consumo disparatado, un joyero es alguien que se la juega por seguir viviendo.

Una tienda de joyería suele tener objetos en depósito: metales caros, relojes, piedras preciosas, mercancía sostenida por el profesional que se la juega cada vez que abre la puerta.

Madrid es una ciudad que necesita cinco mil policías. Madrid es una ciudad que necesita que los mandos policiales estén próximos; los policías, entrenados. Madrid es el espejo de la nación, el rompeolas, donde últimamente sube el crimen bajo los mensajes confusos de la autoridad. Si hay ley, ¿por qué están en la calle los criminales?

Ante la gravedad de la situación, los grandes almacenes de bricolaje han puesto en oferta «la habitación del pánico». Especial para empresarios y amantes del chalet unifamiliar. Puede salir entre treinta mil y trescientos mil euros. Se suele disimular en un armario o bajo el hueco de la escalera. Está blindada, hiper comunicada, tiene línea telefónica fija, señal directa, fax, Internet, GPS, móvil, control de cámaras, dispositivo de cierre o apertura a distancia, incluso comodidades de sibarita con cerveza y nevera. Hay quien ya ha visto cómo el ladrón secuestrador, o sicario, quedaba atrapado en el chalet mientras se refugiaba con su familia en el búnker antiatraco. Pulsaba un botón y el monitor se partía en ocho pantallas: puertas, pasillos, habitaciones, salón, cocina, comedor, segundo piso, tejado... «La habitación del pánico» es un producto para un público exigente, que puede haberse convencido de que en España los delincuentes salen a la calle como en *El crimen de la calle Fuencarral,* por lo que se hace preciso invertir en protección. Los políticos pagan más a los agentes de tráfico que a los guardias de asalto, desoyen por sistema las lágrimas de los Cortés por la niña Mari Luz, las blasfemias por la carrera delictiva, de treinta años, de Rodríguez Pueyo, la fuga inverosímil de Rodríguez Menéndez y el llanto miserere por los desaparecidos.

Los joyeros tienen brillo pobre en su traje negro, de funeral, hartos de tanto entierro. Los empresarios se ven amenazados por los secuestradores. No queda más remedio que apurar el gallo crisis. Llamen ustedes a Bricor o a Leroy Merlín. Quizá ya ha empezado la gran oferta para independientes y urbanizaciones. Montaje e instalación tan rápida como la que transforma la bañera en ducha para impedidos: en pocas horas, el antidex del infragobierno, el búnker anticrisis. Con la seguridad, no resbale.

17

PROFESOR NEIRA, LA DIGNIDAD Y EL CORAJE

El profesor Jesús Neira pasaba por allí. Justo por donde una pareja discutía. La mujer parecía llevar la peor parte. Al profesor, los hombres que con su fuerza apabullan a las mujeres le parecen cucarachas. Siempre ha sido un hombre corpulento, alto, de aspecto imponente. Es docente universitario de la Universidad Camilo José Cela. Elegante, cortés, inteligente. Leal a sus ideas. Había enseñado a sus descendientes a respetar a los demás y, especialmente, a no pegar a las mujeres, porque los que pegan a las mujeres son simples cucarachas. Neira dio una lección de civismo al intervenir entre la presunta víctima y el joven violento que parecía agredirle. Le advirtió que aquello le costaría caro y que se disponía a llamar a la policía.

Fue un error. A los presuntos delincuentes nunca hay que advertirles de que uno tiene alguna baza. Se llama a la policía y en paz. Pero nada de ser caballeroso con el iracundo, el traidorzuelo, el maltratador. Si se le advierte, se lo toma como una amenaza. Supongamos que se trata además de un tipo irritable, un hijo de papá, acostumbrado a salirse con la suya, ante el que las mujeres se doblegan y los hombres se inclinan. Pocas veces puede haberse visto a un caballero con la planta de Neira, los modales exquisitos de Neira, la fría determinación de Neira para poner fin al drama. Tan tranquilo y resuelto que no tuvo miedo a dar la espalda al enemigo.

Y eso, en los tiempos que corren, donde no sirve ni la ley del Oeste, que penaliza atacar por detrás, ni la del barrio, que descalifica la cobardía. Dar la espalda al manso puede tener la contraprestación, el arranque miserable del que ataca por sorpresa. A Neira le cayó un golpe casi mortal, desde lo más alto, inesperado y traicionero. Él se lo había jugado todo por defender los valores de la sociedad cínica y resultó víctima de la verborrea hueca que empuja a los individuos a intervenir, pero no garantiza las condiciones. Las medidas de prevención, el gasto millonario, el escaparate mediático y hasta un Ministerio de la Igualdad y la confusión no han provocado el temor de los delincuentes. Al contrario, incluso mantienen la servidumbre de las víctimas, que no son libres para gritar en contra de los golpes.

Neira se comportó como un héroe del pueblo, como aquel otro profesor universitario que dio su vida por salvar la de sus alumnos en Virginia Tech, cuando aquel estudiante oriental disparó contra la clase. Él cumplió su parte, entregándose hasta el cuero, pero estuvo solo, recibiendo el palo traidor, solo, mientras le pateaban en el suelo, y solo, cuando acudió a urgencias porque sentía malestar y dolor.

El profesor Neira es un héroe traicionado por la palabrería del Gobierno, que gasta sin resultado, maneja datos aleatorios y está dirigida por una señora, Bibiana Aído, que de ser cierto el currículum que circula por Internet, se hace preciso dominar el pánico. ¿Habrá gente con tan escasa preparación al frente de la seguridad de los aeropuertos, al frente de la prevención y protección frente a la delincuencia? Hubo un Gobierno de Felipe González que, al no tener gente preparada, designó a Luis Roldán, el mayor bandolero del siglo xx, director general de la Guardia Civil, quien, para hacer méritos, ya había falseado por su cuenta el currículum, escribiendo ingeniero y economista donde debía poner fullero y funambulista.

Aído, que tampoco es experta en flamenco, bautizó aquel pasado agosto como el más negro, no solo por la aparente muerte en vida de Neira, sino por el asesinato masivo de mujeres maltratadas, lo que la ministra achaca «al periodo vacacional». Eso parece indicar que, con la simple vuelta al trabajo, espera que baje por sí sola la cifra de asesinatos, que, según la prensa amiga, y según lo amiga que sea la prensa, ya van cuarenta y dos o cuarenta y cuatro, o vaya usted a saber cuántas, mujeres asesinadas por sus ex parejas.

Mientras la propaganda se envilece y Rodríguez Menéndez se procura un auténtico pasaporte falso en la calle Santa Eugenia para hacerse un guay del Paraguay, la familia del profesor Neira representa la dignidad y el coraje, de forma sublime, en su augusta esposa, lo que

Artículo del 11 de agosto de 2008 aparecido en el diario *El Mundo.*

da una lección de entrega, paciencia y fe en los auténticos valores. Ellos creen en el futuro y están decididos a poner a todos en su sitio, empezando por los autores de la negligencia, si la hubiere, de los servicios de urgencia a los que acudieron, una y otra vez. El profesor fue traicionado por el presunto maltratador, hoy en prisión, pero también por las autoridades que no le han respaldado, por los médicos que no le han atendido, por todos cuantos juegan en la industria del maltrato mirando los toros desde la barrera.

Jesús Neira es un hombre desprendido, y, aunque estaba en tratamiento por sus propios problemas —medicado con anticoagulantes—, se olvidó de sí mismo para entregarse quijotescamente al socorro de la supuesta vejada, golpeada y humillada, que, mire usted por donde, resultó respondona, y afirmaba, ante quien lo quiera oír, que allí no habría pasado nada, mientras intercambiaba pareceres con el presunto, de quien opina que es muy buena gente, aunque confunda el cariño con el insulto, la caricia con el puñetazo, si no fuera por el metomentodo, que, para ella, no es un héroe ni qué ocho cuartos. Mire, señora, dan ganas de gritar, dígaselo al Gobierno, que no debería ni siquiera andar con el nombre del profesor en la boca: alguien que lo dio todo pensando que usted se lo merecía.

Dado que Neira durmió el coma de los justos y que daba clase en la Universidad Camilo José Cela, en recuerdo del Nobel de los mejores tacos: ¡coño! Que alguien lo ponga a salvo, ya que no puede defenderse.

18

LOS SECRETOS DEL
SEÑOR EMBAJADOR

La prensa amiga dice que pese a que al diplomático Jorge Dezcallar se le consideraba afín al PSOE, Aznar le nombró en el año 2000 director del Centro Superior de Información para la Defensa (CESID), esto es, de los servicios secretos. Puede añadirse que, pese a esto, Zapatero tiene nombrado *in pectore* a Dezcallar nuevo embajador en Washington, probablemente el puesto más alto de la carrera diplomática. Es la existencia del agujero negro del 11-M, el mayor atentado terrorista de todos los tiempos en España, con casi doscientos muertos, lo que hace dramático este enrevesado comportamiento político.

¿Cómo es posible que el jefe de los espías de Aznar, nada más conquistar el Gobierno el PSOE, fuera nombrado por los socialistas embajador en El Vaticano, que también es un puesto distinguido, y si no, que se lo pregunten a Paco Vázquez, antes alcalde de La Coruña? Pero todavía peor, ¿cómo es posible que el jefe de los servicios secretos del Gobierno Aznar sea el embajador apropiado en Norteamérica para el segundo Gobierno Zapatero?

Como bien se sabe, Jorge Dezcallar era el encargado del CESID, ya transformado en el Centro Nacional de Inteligencia, CNI, cuando un grupo terrorista, de origen no desvelado por el espionaje, ni el «re-contra-espionaje», del que se ignora que haya cometido atentados con anterioridad y, desde luego, del que no figuran acciones posteriores, pusiera bombas en los trenes de Atocha, en Madrid, con una precisión militar. Si la cosa venía de fuera, si la inspiración o la acción se debió a radicales islámicos, los espías españoles no se enteraron de nada, no impidieron nada y fracasaron estrepitosamente, como si fueran los miembros del contraespionaje del Superagente 86 y su zapatófono. Hasta el punto de que al CNI, con intención faltona, se le empezó a llamar simplemente «el Centro» apeándole el tratamiento de Nacional, que no merece, y de Inteligencia, que no ha demostrado.

El jefe supremo de este invento era el brillante señor embajador ante el Papa y más tarde ante la América de las barras y estrellas.

El siguiente secreto del rutilante embajador es: ¿cómo es posible que un fracaso estrepitoso le impulse hacia las alturas en vez de llevarle al abismo? Se le encargó el flujo de la información secreta. Lo hizo directamente Aznar, cosa que sutilmente recordaba la prensa, enfadada con el Gobierno, con una foto del juramento de Dezcallar como director del CESID, que no era casualidad, en presencia del presidente del PP, del que se afirma que no tuvo en cuenta el tufillo socialista del diplomático para colocarle al frente de los secretos de Estado, lo que sinceramente hiela la sangre en las venas, y tal vez explique parte de toda la confusión del 11-M.

Pero una vez producido el vuelco electoral, en el que perdieron los que pensaban ganar, la responsabilidad de los que manejaron la información, que tendría que haber sido de prevención y seguridad, quedó diluida. Nadie pasó factura. Todo eso ya era una actitud de por sí bastante extraña, intrigante, prueba del desconcierto ante la magnitud de la catástrofe, pero todavía hubo más: un destino que parecía un premio para quien se había mantenido nada acertado en medio de la debacle. Con la rapidez del rayo, el director del CNI fue buscado por el triunfante Zapatero y sacado sin culpa ni sanción de un destino fallido para una delicada tarea de representación nada menos que ante la jerarquía de la Iglesia católica mundial. Asunto tan delicado como esta nueva misión que se le encarga ahora para sacar las castañas del fuego en un país donde están molestos porque, entre otras cosas, Zapatero no se levantó al paso de la bandera americana en el Desfile de la Hispanidad donde se la había invitado junto con sus tropas, creando un imperdonable desaire.

En el mundo de los espías encontramos agentes dobles, servidores de dos potencias enfrentadas e incluso magos de la infiltración, como Philby, capaces de engañar a la vez a dos servicios secretos. Pero actuaban en la sombra, como topos durmientes o discretos funcionarios. Ni Philby, ni Garbo, ni la mismísima Mata Hari serían capaces de la extrema habilidad de Dezcallar, a

cara descubierta, espía para Aznar y ministro plenipo-
tenciario para Zapatero ante el Imperio. No es que fuera
pro PSOE, es que goza de la total confianza de los máxi-
mos representantes. Es pues un diplomático reversible,
con un revestimiento de teflón. ¿Sabe alguien el grado
de entrega para que el presidente te confíe los secretos?
El diplomático merece toda una serie de televisión para
él solo, con la indagatoria sobre los agujeros negros del
11-M como argumento. A sus órdenes, agentes secretos
capaces de tropezar y ahorcarse con la corbata; y mientras tanto, «el jefe de la 99», haciendo méritos para
enderezar una carrera diplomática que ni un cardenal
florentino. Y todavía hay quien no entiende lo que pasa.

19

BURGOS, TRIPLE CRIMEN EN FAMILIA

Los crímenes en familia suelen ser crueles. El asesino se asegura de dar muerte a los que odia. Así ocurrió en el caso de la catana, en Murcia, y también en el caso Urquijo, en Madrid. Normalmente cuesta creer que el autor es un miembro que lleva la misma sangre o está directamente emparentado con los muertos. Los investigadores tienen que esforzarse en hallar pruebas concluyentes porque lo primero que producen estos asesinatos es incredulidad.

El ocho de junio de 2004 fueron hallados los cadáveres de Salvador, de 53 años, su mujer, Julia Dos Ramos, de 47, y su hijo, de 12. Estaban en el domicilio familiar, en el centro de Burgos. Entre los tres recibieron casi cien cuchilladas. Se habían ensañado con los cuerpos. Podía distinguirse fácilmente a los más odiados: el padre recibió cincuenta cuchilladas, el niño, treinta y dos, y la esposa, «solo diecisiete». Tres años después la policía acusa al hijo que sobrevivió a la tragedia, aunque no ha trascendido el peso de lo que tiene en su contra. Pero aseguran que han reunido «suficientes pruebas e indicios como para afianzar la sospecha de que el joven es el presunto autor».

Han encontrado unos dibujos macabros, con personajes degollados, como estaban las víctimas, pero ¿tienen las zapatillas Dunlop del número 42 manchadas de sangre que llevaba el asesino? El estudio de sus huellas y unas grabaciones telefónicas podrían estar entre las posibles pruebas.

La policía se niega a entrar en detalles, puesto que el juez que instruye el caso ha decretado el secreto de las actuaciones. Este avance inesperado de la indagación ha cortado de raíz la principal sospecha, porque hasta ahora se creía que el autor o autores debían ser del pueblo en el que Salvador ejercía como alcalde.

El muchacho, que ahora tiene 19 años, ha sido detenido y encerrado por decisión judicial. En caso de que resulte procesado, lo será por la ley del Menor, que se le aplicará en el segmento de 16 años, que eran los que tenía entonces. En tanto es preciso destacar la precisión y frialdad del asesino, sea este quien sea, puesto que los investigadores que indagan en este caso, con gran empeño, han tardado nada menos que tres años en presentar un detenido.

A la espera de si se descubre finalmente un crimen de familia, lo destacable es que es uno de los asuntos más enrevesados y difíciles de los últimos tiempos. Un reto que la extraordinaria policía española podría haber ganado con notable éxito.

La cerradura de la puerta de la casa estaba intacta, como abierta con llave. El interior no estaba revuelto y el arma del triple asesinato, un cuchillo de considerables dimensiones, no fue recuperada. El dueño de la vivienda era alcalde pedáneo de La Parte de Bureba y pasaba temporadas en Burgos, donde fue sorprendido. El asesino entró de madrugada atacando a Salvador, luego a su mujer y, finalmente, al pequeño, que se había escondido debajo de la cama. Tuvo que derribar la puerta de la habitación de este último de una patada, y en la madera quedó impresa la suela de las zapatillas deportivas, característica e inconfundible. En el suelo también dejó marcas al pisar la sangre de las víctimas. Pero más allá de eso no había huellas dactilares que no fueran de la familia, incluidas, claro está, las del detenido que vivía allí, salvo cuando estaba en el internado.

Sorprendentemente no se hizo mucho hincapié en la especial rabia con la que los cuerpos fueron tratados. Era excesiva, incluso aunque se tratase de un psicópata. Por eso se manejaron todo tipo de hipótesis: un móvil económico, enemistad, un trasfondo sentimental y también el robo, aunque en la casa no parecía que faltara nada de gran valor.

Solo había sangre de las víctimas. El criminal quizá usó guantes y no se había cortado, cosa muy extraña cuando se dan tantos tajos. La detención no explica cómo hizo el trayecto al internado de Aranda de Duero y vuelta, ni las amenazas que supuestamente había recibido el padre de familia por teléfono, días antes de su muerte; ni si es cierto que el asesino buscó a otra persona más tras el triple crimen. Tampoco explica por qué al principio creyeron que los autores eran varios. En otras versiones de crímenes de familia, como en el caso de la catana, el asesino era solo uno, pero si nos fijamos en el caso Urquijo hubo tantos participantes que parecía una romería. La violencia desatada o el transporte *post mortem* de los cuerpos no certifica si se trata de un solitario o de un grupo. El crimen de Burgos pudo deberse a una sola mano, pero otro asunto sin resolver es por qué los demás no gritaron mientras mataban al cabeza de familia.

A la mañana siguiente, comunicaron al superviviente la desgraciada noticia. Estaba en el internado, a unos ochenta kilómetros de la escena del crimen. Parecía imposible relacionarlo. Sin embargo, la policía tiene el deber de considerar a todos sospechosos. Y les llamaba mucho la atención aquel joven con tanto aplomo que pedía castigo para el culpable. Era un chico guapo, que hablaba sin forzar la voz tras unas gafas negras.

20

LOS EXCESOS DEL TRIPLE CRIMEN DE BURGOS

Después de tres años de investigación, el hijo superviviente de la tragedia de Burgos, en la que fueron asesinados los padres y el hermano menor, es detenido como principal sospechoso por la policía. Se supone que con la aquiescencia de la Fiscalía de Menores. Ingresado en un centro de reclusión, resulta luego sorprendentemente liberado. El abogado de la familia, el propio interesado y la sociedad entera alucinan por un tubo.

En España hay que vigilar la justicia. En la misma semana en la que se sopesa separar a una jueza de su oficio por haber olvidado que debía poner en libertad a un preso que ella misma había absuelto y que se pasó cuatrocientos treinta y siete días entre rejas, por la cara, sin merecerlo, otro juez admite las diligencias policiales como suficientes para detener y encarcelar —en un centro de menores— a un chico de 19 años que, cuando tenía 16, vivió la tragedia de un crimen de familia. Ahora es todavía peor porque, esta vez, es el imputado.

Los hechos se produjeron en la madrugada del 8 de junio de 2004 en una vivienda ocupada por Salvador, alcalde pedáneo de La Partida de Bureba, su esposa y su hijo de 12 años. Su otro hijo se supone que estaba en el internado donde estudiaba, en Aranda de Duero. El asesino entró en el domicilio con una llave o porque le abrieron sin recelar, asestó cincuenta cuchilladas al padre, diecisiete, a la madre y treinta y dos, al niño. Dejó huellas de pisadas ensangrentadas de unas zapatillas deportivas marca Dunlop en el suelo, y, al parecer, también en la hoja de la puerta que echó abajo. Sin embargo no se hallaron huellas dactilares ni se encontró el arma del crimen, un cuchillo. El asunto es de lo más misterioso y tremendo que tiene entre manos la policía, que lo acogió con especial empeño. Sobre todo desde el nombramiento de un nuevo comisario que se encarga del delito especializado y violento.

Habían pasado tres años desde entonces, cuando de repente el gran misterio parece resuelto: se filtró que había sido detenido e imputado el hijo mayor, aunque no se revelaron los motivos. Un nuevo éxito de la labor policial que, en este caso, nos dejó boquiabiertos. Sin duda los agentes especializados destinados a este enigma han reunido indicios y sospechas razonables como para llevar al imputado a comisaría y someterlo a un interrogatorio. Otra cosa es que ese material sea suficiente para llevarlo a juicio.

Entre otras cosas el chico negó a los agentes que tuviera llave del domicilio paterno, cosa que se supone que quedó desmentida por un testigo de la investigación. También dispone de una coartada: aquella noche estaba en Aranda de Duero, a cuarenta kilómetros del lugar, salvo que se cree que sabe dónde se guardan las llaves de un vehículo del centro escolar que pudo ser utilizado. Y poco más ha trascendido. Entre ese poco está el hecho de que las manchas de sangre no siguen más allá de la puerta de entrada de la vivienda. En la escalera no hay ninguna, lo que supone que el asesino se cambió de ropa, y tal vez de calzado, dentro. Una de dos: o lo llevaba dispuesto o lo tenía allí. Muy sospechoso: un crimen de odio.

A todo lo anterior hay que añadir que los investigadores piensan que alguien entró en la escena del crimen una vez precintada por la policía, seguramente porque había olvidado algo. Con todos estos elementos la investigación estudia varios móviles, y uno de ellos, es el crimen en familia. Lo que pasa es que la cosa pasa a mayores cuando interviene la justicia.

Se supone, y me llegan noticias en este sentido, que los encargados de la investigación han estado en contacto durante estos meses atrás con la Fiscalía de Menores, esto es, que para no meter la pata han consultado a la acusación. Y es posible que decidieran el arresto tras recibir el visto bueno. Luego aquí empieza el contrasentido.

Puede entenderse que el fiscal valore mal unas pruebas, pero no se entiende en absoluto que haga lo mismo el juez. Una vez en sus manos el atestado policial, el juez debe decidir si sigue adelante o no con el procedimiento y aquí estima suficiente lo aportado como para recluir al chico, que ya es mayor, en un centro de menores, lo que no deja de ser sorprendente. En segundo lugar lo mantiene allí durante muchas horas hasta que finalmente lo pone en libertad. Aquí es donde empieza el alucine: ¿puede un juez valorar de dos formas contradictorias las mismas pruebas en el transcurso de unas horas? ¿Pueden los policías, en contacto con los fiscales, sobrestimar lo que tienen al cabo de tres años de investigación?

Si el imputado es culpable, hay que probarlo. Los medios de prueba y la valoración de los mismos no son tan complicados. A ver: ¿Tienen el arma del crimen? ¿Hay un testigo de cargo? ¿Tienen huellas o restos de ADN? ¿Han recuperado las zapatillas ensangrentadas? Pues si no tienen nada de esto, igual no tienen nada.

La subdelegada del Gobierno ya estaba tentándose la ropa días antes repitiendo a los periodistas: «Tengan prudencia y paciencia». Pues ténganla ustedes primero. ¿Quién es el imprudente que ha confundido un indicio con una prueba? Cualquiera que haya sido, el que tiene la última palabra es el juez. A su señoría le tocaba valorar. Y frente a la expectación creada, metió al chico en reclusión. Eso embraveció el mar mediático: hubo un periodista de televisión que dijo haber adelantado la noticia, y que luego, con el «síndrome del guardabarreras» —ya saben, cuando les echaban la culpa de los accidentes ferroviarios y ellos mismos lo aceptaban entre lloros de desesperación—, decía en directo: «¡El daño que le hemos hecho!». Pues habrá sido él.

No me gusta la ley del Menor pero mientras esté vigente hay que respetarla. Cualquiera puede cometer un error, pero, en este caso, se veía todo muy confuso: ¿por qué declaraban el secreto del sumario si tenían el gato en la talega? A causa de todo esto, el imputado sigue siendo sospechoso, las actuaciones no están archivadas, pero está claro que la acusación ha perdido mucho gas. Además está la sacrosanta presunción de inocencia.

El periodismo de sucesos también ha perdido mucho y está lleno de aficionados. Gente que ha visto pocos muertos, ningún asesino y solo algunos casos. En esta situación, cualquier error es posible. Aunque en este asunto toda la culpa es de quien se ha querido poner la medalla antes de haber terminado la cacería. Y la desgracia de la filtración al aficionado. Tampoco ha funcionado la red judicial, porque últimamente presenta grandes fallos. El juez era nuestra última esperanza. Ahora tendremos que reinventar el periodismo.

21

EL SOLITARIO ATACA
DE NUEVO

Lleva aproximadamente diez años en el denostado oficio de atracar bancos. Suele estar menos de tres minutos en el interior de la sucursal. Se lleva el dinero que hay sobre la mesa sin agotar todos los recursos. Es *el Solitario,* un tipo desconocido que utiliza un disfraz con peluca, barba y bigote. Suele andar fuertemente armado con una Ingram Marieta, una pistola del 45 o el revólver Mágnum de Harry el Sucio. Últimamente el cerco de la policía lo está volviendo paranoico: cuando no encuentra dinero suficiente para lo que necesita, dispara al cajero. Puede que sea el primer signo de que su suerte se acaba.

Un grupo mixto de policías y guardias civiles le sigue los pasos desde hace meses. Eso no ha impedido que uno de sus últimos atracos fuera justo al lado de la que se ha llamado la comisaría más grande de España, en realidad la sede de las comisarías generales de Canillas, Madrid. También en las últimas ocasiones, una en Sarria, Lugo, y otra en Toro, Zamora, al ver que el botín era escaso, disparó a la pierna del empleado de la sucursal bancaria.

El Solitario es un atracador entrenado, frío y discreto, hasta que ha empezado a perder los nervios. Su mala fortuna comenzó el 9 de junio de 2004, en Castejón, Navarra, cuando esperó en una vuelta de la carretera a dos agentes de tráfico que le perseguían. Cuando llegaron a su altura les ametralló sin piedad. Así se convirtió en «presunto asesino» y su habilidad para burlar las medidas de seguridad de los bancos cayó en desgracia. Hoy es un delincuente peligroso que necesita unos cinco mil euros al mes para solventar sus gastos y que cuando se queda sin efectivo recupera el disfraz con el supuesto chaleco antibalas de porcelana, la chaqueta holgada y el maletín. A veces se apoya en una muleta metálica y otras se pone solo perilla. En cualquier caso, logra confundirse con el paisaje con habilidad camaleónica.

Se sospecha que actúa con los dedos cubiertos de celofán para no dejar huellas y que ha recibido entrenamiento disciplinado. Eso le capacita para seguir siendo un animal de sangre fría cuando las cosas se ponen mal. Por ejemplo, en aquel tiroteo de Vall d'Uxó, Castellón, cuando cayó muerto un agente de la policía local. *El Solitario* no forma parte de los bandidos románticos como Luis Candelas, José María, *el Tempranillo,* o el Pernales, aunque se parece a este último en la crueldad desatada. Recordemos: le llamaban así porque tenía el corazón duro como el pedernal.

Este bandido famoso en «el trienio Zapatero» es un producto de la nueva moda cibernética que quizá hasta tenga una personalidad supuesta en Second Life y se tire las horas muertas jugando a ser otro en Internet. O sea, como en la vida misma. La impostura le lleva a representar un tipo de vida desahogada con sus vecinos. Hasta es posible que sus más íntimos ignoren su verdadera actividad. Una vez pelado como una cebolla de las distintas capas con las que disimula, es posible que el sujeto grueso, peludo, de luengos cabellos y barbado, se convierta en un ser nervudo y atlético, con la cabeza rapada o calvo. Desde luego quitándose de golpe diez años de encima. De estas transformaciones de birlibirloque saben mucho los dibujantes que rematan los retratos robot. Quizá a alguien con seso se le haya ocurrido facilitarle todos los datos a uno de estos creadores para que plasme su verdadera facha.

Treinta atracos le definen, tres muertos a sus espaldas, dos heridos de capricho y la insólita pretensión de conseguir a tiros que haya dinero bastante encima de la mesa (¿dieciocho mil euros?) en todos los bancos del país, por si al Solitario se le ocurre atracarlos.

Según las últimas noticias, de su hazaña más reciente se llevó apenas para unos días de gasto a su ritmo por lo que es posible que ya prepare la siguiente aventura. Cualquier día le estarán esperando. Los que le siguen a corta distancia, pueden y deben adelantarle. *El Solitario* tiene los días contados; y él mismo empieza a ser consciente de eso. Sus primeras artimañas en las que se adorna con frases cínicas como felicitar las Pascuas, si es Navidad, han sido sustituidas por el efecto brutal de un disparo que provoca revuelo, lo que facilita la huida pero revela que ya no es aquel delincuente confiado que salía sin mancharse, hasta cuando silbaban las balas. El efecto sorpresa pierde gas porque ya sabemos muchas cosas del personaje: elige sucursales situadas en pueblos pequeños, que no tengan cámaras de vídeo alrededor porque es seguro que se cambia como Supermán: nada más dar el golpe. Sabemos que viaja en un vehículo que antes era un 4 x 4 y que ahora puede ser una furgoneta blanca. Eso quiere decir que llega de lejos, por carretera. También es seguro que estudia el objetivo y las vías de escape.

Tiene la oportunidad de salir huyendo, ahora que todavía no ha sido desenmascarado, pero todo indica que está obligado a seguir hasta que le atrapen. Se ha acostumbrado a un estilo de vida que no puede mantener de otra manera. Había logrado que no se fijaran en él con su pequeño goteo de robos, que mantuvo durante mucho tiempo, hasta que le perdió un brote paranoico, cuando les preparó la trampa mortal a los dos guardias muertos, para su mal, por preservar gloriosamente la tranquilidad y seguridad de todos en las carreteras. Un doble asesinato que le define poniendo precio a su cabeza. Fue tan descabellado que antes de que balística relacionase el tiroteo de Vall d'Uxó con Castejón se creía que era un atentado de ETA.

Ahora se persigue al *Solitario*, atracador y presunto asesino múltiple, que al albur de los tiempos vive una *second life* con su peluca y sus pistolones. Si la necesidad le aprieta, está al caer. Y a lo mejor se descubre toda la mentira de su segunda vida, incluido que no es en realidad un solitario.

22

LA DOBLE VIDA DEL *SOLITARIO*

Justo como lo habíamos imaginado: llevaba una vida aparentemente tranquila en Las Rozas, un pueblo de Madrid. Tenía un lugar donde ocultar sus tejemanejes. Era el respetable padre de dos hijos adolescentes, separado de su esposa y conviviendo con su madre. Una de tantas familias de los nuevos tiempos. También algo quisquilloso y violento. Celoso defensor de su territorio. Español de origen, de complexión atlética, que disimulaba con el disfraz bajo el que oculta un chaleco antibalas. Si atracaba de chaqueta, normalmente iba en vaqueros; si usaba barba y cabello postizo, perfectamente peinados, normalmente iba desaliñado. No era ostentoso, pero llevaba un buen nivel de vida. Tenía, como sus vecinos, una existencia discreta, pero se convertía en el atracador más peligroso de todos.

Es un tipo listo, frío, calculador. Como habíamos supuesto, solía visitar la sucursal bancaria que había elegido para tomar nota de todos los detalles. Luego volvía a tiro hecho, nunca mejor dicho. Al principio era un hombre seguro de sí mismo, firme y confiado. En alguna ocasión, al cometer el atraco, si coincidía con la Navidad, felicitaba las Pascuas. Pero todo eso había cambiado en los últimos tiempos. Se calcula que *el Solitario* ha dado más de «treinta golpes» y se le atribuyen tres muertes. Había cruzado España, atreviéndose a asaltar bancos incluso junto a la comisaría más grande del país, en Canillas, Madrid.

Sin embargo, últimamente, estaba tan angustiado que perdió el tino. Disparaba sin razón a los empleados. Fuera de sí, tuvo que irse a Portugal porque notaba la tenaza de la Guardia Civil. Ya no le era posible «trabajar» en el país porque se sentía vigilado. La Policía Nacional y los guardias tejían una firme tela de araña en la que tendría que acabar pegado. Decían que si se retiraba a tiempo, podría escapar para siempre, pero estaba condenado a seguir hasta que lo capturasen. No podía renunciar y no quería hacer otra cosa. Encima, donde *el Lute*, ladrón como él, soñaba con un mañana sin delitos, *el Solitario* se había manchado las manos de sangre, como un asesino sin redención. *El Lute* es un mito de la España criminal y *el Solitario* es solo delito.

Aventuramos que se había visto obligado a modificar el disfraz, el mismo que parece que llevaba cuando le detuvieron en Figueira da Foz, y también que se había vuelto paranoico, ignorantes de que fue la paranoia la que, según nos cuentan, le evitó hacer la mili obligatoria. Es, a pesar de eso, un experto en armas que maneja con soltura una pequeña metralleta, solo asequible para los habilidosos, y una mágnum o pistola del 45, que es un arma de gigantes. *El Solitario* vivía en una gran ciudad porque es el escondite perfecto, usando su lado camaleónico y psicopático. Los peritos dirán si es en realidad un enfermo mental, pero toda la capacidad de emocionar con el atraco perfecto la perdió el día que se convirtió en doble asesino, matando a traición a una pareja de servidores de la ley, en Castejón, Navarra.

Se supone que llevaba trece años «dando palos» en cajas rurales y bancos de pueblos pequeños y alejados. Utilizaba un todoterreno para confundirse con el paisaje que, ante la persistente presión, sustituyó por una Renault Kangoo, una furgoneta menos marcada e igual de eficaz.

Han estado varias veces a punto de echarle el guante, pero se ha escurrido como agua entre los dedos porque es un hombre que emplea su gran inteligencia para el mal. Llegó a convertirse en el enemigo público número uno, como *el Lute,* pero, mientras el quinqui nunca perdió los nervios durante la Dictadura, este fue cada vez menos dueño de los suyos, hasta el punto de disparar por nada y de matar sin beneficio. Tal vez por el placer de hacer daño.

El Solitario no es una leyenda, como nos hemos hartado de decir, sino un criminal borde, desposeído de aureola romántica, al que han bajado de golpe del pedestal al que injustamente le habían subido.

La Guardia Civil no lo encontró antes porque supo conformarse con un botín limitado, fácil de obtener, en lugares de escasa protección, con golpes de efecto y la suerte del osado. Pero estaba claro que le seguían con pies de plomo. Se sabía que iban a atraparlo y que solo faltaba el cuándo. También había una duda en el cómo, porque dado que era un tipo armado, que gustaba de apretar el gatillo, podía acabar como un colador, tal y como terminaron algunos de sus colegas franceses, tras una larga serie de asaltos a sangre y fuego.

El Solitario tenía los pies de barro y probablemente la mandíbula de cristal. Ahora que se examinan con cuidado sus pertenencias, se registra su domicilio y la nave industrial en la que quizá escondía el botín, se irán descubriendo los grandes secretos. Tiene un conocimiento de las cámaras de seguridad de los bancos que le ha permitido esconder su mirada, un dardo azul que revela agresividad y rabia contenida, algo que ha aprendido con ventaja sobre otros delincuentes. También muestra un talento natural para esconder sus rasgos, aunque esa nariz de espolón y las bolsas bajo los ojos no hay quien las esconda.

La captura del *Solitario* y las declaraciones de los que supuestamente lo trataban nos han revelado hasta qué punto es fácil que se esconda un famoso entre la multitud. Mil veces retratado, en casi cada banco que hollaba, quienes lo conocen no fueron capaces de identificarlo, ¿o sí? En el aluvión de informaciones filtradas, nos llega que el empujón definitivo a la captura pudo darlo una confidencia. De ser cierto este extremo se confirmaría, una vez más, la gran importancia de los medios de comunicación en una operación como esta, pues muchos de ellos han hecho esfuerzos especiales en los que se ha difundido la imagen del asesino. También la «afortunada coincidencia» que le ha permitido al ministro Rubalcaba adornarse con el éxito de la brillante misión de la policía portuguesa y española en una rueda de prensa, sobre el terreno, en el mismo Portugal.

23

El Lute y *el Solitario*
FRENTE A FRENTE

No se parecen en nada a pesar de que los dos fueron atracadores perseguidos como el enemigo público número uno en dos épocas muy diferentes de España. Eleuterio es un individuo brillante, amable, educado; el otro, *el Solitario*, resulta un ser adusto, con mala baba, que, lejos de asaltar bancos para compartir el botín con los pobres, roba para darse la gran vida mientras dispara sin piedad a los empleados cuando la sucursal no tiene bastante dinero.

No sabemos si el presunto Jaime Giménez Arbe es *el Solitario*, eso lo tiene que decidir el juez, por más que él salió de los juzgados portugueses saludando eufórico: «Hola a todos, soy *el Solitario*». Pero el personaje al que se investiga, el *Atracador Solitario*, sea Jaime u otro cualquiera, es un ser sin escrúpulos, malvado, capaz de asesinar fríamente a dos agentes de la Guardia Civil de Tráfico, que pretendían controlar su vehículo en la carretera, cerca de Castejón, Navarra.

El Lute no es abogado como se dice, pero sí un auténtico caballero al que no se conoce que haya delinquido desde que recibió el indulto que le exculpaba de más de mil años de cárcel. Estando en prisión se fugó dos veces, las dos de forma muy ingeniosa. En la primera se arrojó de un tren en marcha y acabó con aquella foto imborrable de su figura, patética, entre dos guardias civiles de tricornio, con el brazo en cabestrillo, icono del régimen. La segunda fue un 31 de diciembre en el que escapó del Penal de Santa María, mientras todo el mundo celebraba el año nuevo.

El Lute, en estos días de triste actualidad, acusado por su reciente ex esposa de presuntos delitos de violencia de género, sexagenario, atildado, se ha convertido en una persona educada que ha escrito libros, cientos de artículos y ha dado numerosas conferencias. Hace muy poco que la editorial Almuzara ha reeditado la primera parte de sus memorias, *Camina o revienta*. *El Lute* se ha ganado el respeto de todos y la exigencia de que sea juzgado de manera justa, atendiéndose a las pruebas objetivas y bien valoradas, en un conflicto que se dirime en un ambiente cargado, donde se detectan demasiados excesos bajo el paraguas de la violencia de género. De cualquier forma, si se demuestra que actuó como acusa el fiscal, tendrá que hacer frente a una nueva condena. Ni siquiera eso le pondría a la altura del *Solitario,* un fanfarrón manipulador que se considera capaz de burlarse de todos, tras cometer al menos treinta atracos.

El Lute fue llevado por sus hazañas hasta el Museo de Cera de Colón, en Madrid. Quizá uno de sus grandes errores, o pecado de soberbia, fue renunciar como

Eleuterio a lo que había sido como *Lute*, marcando las distancias. Tras una ardua batalla judicial logró que le entregaran la figura de cera que le encarnaba para siempre, según ha contado él mismo, y se la llevó hasta un descampado donde le prendió fuego. Fue algo desafortunado, que quemó el símbolo que le resultaba hiriente, pero que no puede borrar el pasado que arrastra. Los muchos años tras sus pasos marcaron la actualidad de los años de plomo. Hoy, *el Lute* podría fotografiarse, de no haberlo hecho tan mal con su muñeco de cera, para que se viera la clara diferencia.

Eleuterio fue el mito criminal del franquismo y luego el mito del gran reinsertado. Se dice de él que es abogado, incluso en un reciente acto se le suponía «doctor en Derecho». Eleuterio Sánchez Rodríguez, nacido en Salamanca, en 1942, no terminó la carrera y no es abogado. Empezó como robagallinas y se vio envuelto en el atraco a la joyería de Bravo Murillo que sería su único delito de sangre. En esta acción, contrariamente a lo que se ha publicado en periódicos, antes bien informados, no murió ninguna niña, sino el vigilante que salió al romper los delincuentes la luna del escaparate, en uno de aquellos «alunizajes» de entonces, con un ladrillo o una piedra. La víctima recibió el disparo de uno de los tres que formaban la banda: *el Lute,* Raimundo Medrano y Juan José Agudo. Los otros dos sostienen que el que llevaba la pistola era *el Lute*. Él siempre lo negó. Se trata de un enigma sin aclarar.

Pero los tres fueron condenados a muerte y *el Lute* se convirtió, por fuguista y derecho propio, en el presunto delincuente más escurridizo, aureolado de auténtico rebelde, frente a la Dictadura. Un verdadero héroe romántico. Porque esta es otra de esas diferencias esenciales: *el Solitario* actúa en plena democracia, donde no le vale hacerse pasar por expropiador del capitalismo, mientras que *el Lute* lo hacía en la Dictadura, donde está más próximo a Luis Candelas, que jamás manchó sus manos de sangre, aunque fue timador y ladrón en una España llena de necesidad, analfabetismo y represión. *El Solitario* es más como Bonnie y Clyde. Se divierte con sus sofisticados atracos, disfrazado, con chaleco antibalas y peluca, siempre bordeando el tiroteo, como en Vall d'Uxó (Castellón), donde provocó otro muerto, un policía municipal.

El Solitario está muy lejos de ser un bandido generoso como Diego Corrientes o el último maquis que lucha contra el sistema injusto. *El Solitario* es un atracador redomado, hábil con las armas de fuego, que lleva una doble existencia en la que paga sus vicios y sustenta una vida muelle, mediante la receta de atracar lo suficiente para vivir sin trabajar. En algunos de sus golpes, como el doble asesinato que se le atribuye, se nota un profundo resentimiento contra el orden y la autoridad, a la que asesina «con una especie de fusilamiento» en un acto cobarde y tramposo.

Por el contrario, *el Lute* es la imagen del hombre que se transforma después de haber sido empujado al delito por unas circunstancias duras para todos, en las que tenía que robar para comer. Luego llegaron los atracos y las malas compañías. Finalmente la captura y la condena a muerte. Era el más listo de la banda y en la cárcel aprendió a leer y escribir. Hasta se convirtió en un

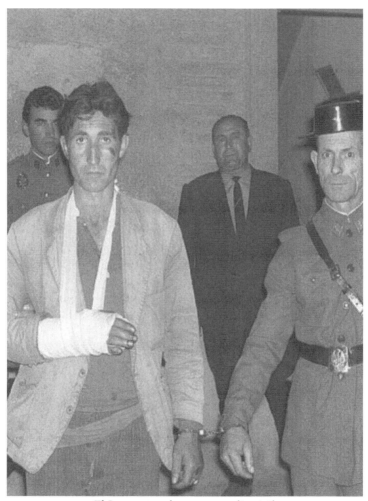

El Lute esposado a un guardia civil.

aprendiz de intelectual que se expresa con fluidez y da rienda suelta a un pensamiento elaborado en el que durante un tiempo intentó abanderar un movimiento de quinquis (quincalleros) como grupo marginado y perseguido por su singularidad. Desgraciadamente no pudo ir demasiado lejos con este discurso, pero sí demostró a los españoles que era de esos que se la juegan por sus hijos, yendo en plena escapada a ver a sus retoños a la chabola madrileña de la mujer, para estar un rato con los pequeños, sin importarle ser el más buscado. Tras él, el franquismo ocultaba su corrupción.

El Lute es un delincuente humano, lleno de defectos y virtudes, capaz de aprovechar una oportunidad como la de estudiar Derecho e incorporarse al despacho del *Viejo Profesor,* Enrique Tierno Galván. La muerte de la niña Raquelín, también contrariamente a lo publicado, se produjo en un tiroteo cuando intentaron echarle el guante a Medrano, que salía de unas clases para el carnet de conducir en la calle Galileo. *El Lute* le acompañaba y habían quedado en un bar. Los dos perseguidos juran que no iban armados y que los disparos salieron de las armas de los policías. La niña Raquelín recibió una bala perdida o rebotada.

Eleuterio Sánchez Rodríguez, de la familia de los Patapocha, fue, durante la Transición, modelo de reinsertado, como no ha habido otro, si es que ha habido alguno. El día del atraco a la joyería, la banda llevaba un arma casi por casualidad, una pistolita casi de juguete, pero de las que matan, no como *el Solitario*, que siempre las preparaba antes de salir y todas las armas que usa son de una fría efectividad como la Ingram Marieta, ametralladora para tocar con una sola mano, o el revólver Mágnum 357. Ni *el Lute*, ni Medrano, que escribió un libro llamado *Enemigo público número 2,* reconociendo la prevalencia del compañero, o el tercero en discordia, Agudo, habrían sido capaces de tender una trampa para matar.

24

LA ENVENENADORA DE SOCUÉLLAMOS

Se paseó por todas las televisiones y hasta se sometió al polígrafo. Negó en todas partes ser la Envenenadora de Socuéllamos y, pese a estar condenada por la Audiencia de Toledo a veintiún años, permaneció libre desde enero de 2007 hasta el día mismo en que fue confirmada la pena por el Tribunal Supremo cuando seguía suelta y zascandil. Amparo Calleja dio muerte a su marido, Juan José Mena, con una garrafa de cinco litros de arsénico, negó las acusaciones y se burló de la justicia a la vez que amenazaba al pueblo haciéndole responsable de sus males. Amparo tiene cara y tiene mano.

Los envenenadores son seres muy peligrosos tal y como ya señalaba la sentencia toledana, pues matan una y mil veces suministrando la dosis de su medicina, algo que suelen estudiar antes de comenzar el tratamiento. En este caso su elección fue el arsénico, empleado en productos para el campo. Echaba su receta en la comida y bebida del hombre que se ponía a morir sin saber de

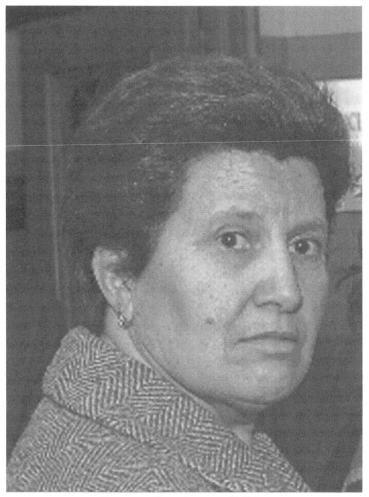

Envenenadora Amparo Calleja.

qué mal se quejaba. Este crimen de género, que consiste en librarse de la pareja cuando uno está harto, comenzó en diciembre de 1999, cuando Mena decidió borrar a su esposa de la cartilla del banco en la que tenía los ahorros e ingresaba la pensión. A partir de ese momento tendría que haber recelado de cuanto tomaba por boca.

Amparo, que cien veces entrevistada, bajo el dedo acusador de la cámara, exhibía un rostro de cemento y siempre negaba los cargos, deslizaba el preparado del hechizo convirtiendo al marido en un ser con la voluntad averiada. Ingresaba en urgencias explotando por los sentidos, con el poder invalidante del arsénico carcomiéndole las juntas y amenazando el estómago y el corazón.

Una y otra vez recalaba en las camas hospitalarias donde mejoraba; y una y otra vez, volvía a ellas, tras el sabio tratamiento de la gorgona. Excepto si tenía la mala ventura de que le visitara la parienta en planta y acertara a suministrarle el preparado para acabarlo de recomponer, lo que inevitablemente suponía un empeoramiento que mejoraba nada más alejarse la ambulancia de su casa. Amparo, entretanto, componía un gesto impenetrable, como de iletrada madura, sobrepasada por los acontecimientos, a la que siempre se ha discriminado por ser mujer y aldeana. Es uno de esos perfiles falsos que tanto gustan a los juristas del XIX. La pobre señora es objeto de todas las suspicacias y recelos porque no es bienquista en la vecindad. Y, sin embargo, ahora lo dice el Supremo, la taimada había entrenado el rasgo para firmar en vez del envenenado, suplantando su voluntad y consiguiendo que el banco restituyera su nombre en la cuenta del marido. Es decir, mientras los redentores sin bandera hacían su trabajo en la desconfianza, ella se aprovechaba del pobre ojo de buen cubero para añadir el cargo de falsaria.

El hombre murió víctima de violencia de género sin machismo, Amparo no pudo disfrutar de su falsificación porque fue descubierta, cosa que quienes la conocían bien en Socuéllamos (Toledo) no pudieron extrañar. Y, sin embargo, juzgada y condenada a diecinueve años por asesinato y casi otros dos por falsedad en documento mercantil, logró con esa impavidez del criminal, hacerse pasar por víctima de los vecinos, los enemigos y la justicia.

Acudió a los programas de televisión donde gente que ignoraba su caso no había leído sus papeles y no entiende de procesos le preguntaba si tenía a su alrededor traidores que la hubieran hecho caer en la trampa. Ella se erguía, gigante, trasmitiendo a través de las ondas televisivas una sensación de inseguridad jurídica. La duda alentaba en los corazones, mientras el fiscal de la causa, sin dejarse engañar, pedía, una y otra vez, el internamiento de la caradura.

Amparo Calleja, para confusión de propios y extraños, había estado cuatro meses procurando la agonía del marido, maltratadora femenina en una situación infernal de pareja en crisis, como esas que ya no se entienden con las nuevas leyes que hacen más grave un delito si lo comete el marido. Se dice que es insólito que fuera atrapada, condenada y reclamada para cumplir el castigo sin que se hiciera justicia, pero lo cierto es que a lo irregular se añadió la publicidad, veinte veces promocionada por otros tantos espacios de televisión, que aunque no la dejaban bien, tampoco aplicaban con contundencia los datos: condenada a la espera de que se falle recurso ante el Supremo. Es un delito gravísimo por lo que resulta insufrible que no le hicieran caso al fiscal, pero mucho peor es que la envenenadora se pasee bajo los focos exhibiendo su poderío, confundiendo al personal y dejando en entredicho, una vez más, a la justicia.

Amparo, según la sentencia, es una envenenadora clásica, de las que aprende su oficio a base de prueba y error. Forma parte de una larga tradición que viene de tiempos inmemoriales en todo el Levante, Cataluña y Baleares. Las tierras de interior fueron descubriendo su propio potencial envenenador con gentes en contacto, por fuerza, con los exterminadores de plagas. Así el matahormigas Diluvión, *el killer* del gorgojo u otros limpiadores de cosechas entrarían en su materia de estudio, incluidos los letales organofosforados. Las envenenadoras llegan a saber más que los catedráticos de Química. Y tanto como un licenciado en Farmacia respecto al aspecto curativo o dañino de determinados productos, resultando excelentes dosificadoras tras un periodo de ensayos.

El pobre y desolado Juan José Mena, al que se le acabó el amor, empezó a probar en el seno de su matrimonio la fría determinación de la envenenadora, incapaz de reconocer en la mano de la cocinera la crónica del pájaro que da cuerda al mundo. La boca seca, el aire escaso, la incapacidad de andar, el cuerpo que se deshace en el vientre: sensaciones de mil enfermedades, pero con una sola causa. El veneno siempre ha sido motivo de agravamiento de las penas, hoy no se sabe, como tantas cosas, sumido en el confuso espíritu del reformado Código Penal, que más que reformado parece mezclado, sacudido y luego apaleado.

Así que ignorante de que su otrora amante esposa se hubiera convertido en un ofidio dispensador de muerte, Mena recalaba en el servicio médico de Socuéllamos o en el hospital Mancha Centro de Alcázar de San Juan. Pese a que los métodos de detección de intoxicaciones se han perfeccionado hasta el virtuosismo, nadie pudo parar su muerte. Falleció por intoxicación de arsénico el 28 de abril del 2000. La sospechosa, con el remoquete de envenenadora, eligió un método de gran crueldad y hasta el martes 13 de mayo de 2008, cuando se definió el Supremo, paseaba como una dama ofendida.

25

LOS ATRACADORES SE PRESENTAN A LAS ELECCIONES

Uno se imagina al Gobierno como productor de condiciones objetivas para la creación de seguridad y riqueza. ¡Y qué decepción al mirar la realidad! Además de la presunta ocultación de datos o maquillaje de cifras, la verdad desbordante es que el parón económico arroja más delincuentes a las calles, y los profesionales se ven abocados a actuar más veces.

A todo el mundo le han subido el pan, la leche y los derivados, incluidos los atracadores. Manolo, *el Nervios,* por ejemplo, quinqui de etnia y enemigo del patrimonio por definición, estaba cumpliendo condena en Meco cuando le dieron un permiso carcelario que aprovechó para, presuntamente y según la policía, encabezar la banda que asaltó el furgón de Cartier, lleno de relojes y joyas de lujo. Uno de los relojes está valorado en doscientos cuarenta mil euros. Y, puesto que lo demanda el mercado, ya que viajaba en el furgón, se ve a las claras que cada día es más profunda la sima que separa a pobres de ricos.

Manolo, *el Nervios,* ama los coches de alta gama, las joyas de *colorao* (oro), con marca y contraste. Nada más poner el pie en el mundo de fuera se dio cuenta que habían subido los precios, por lo que era necesario fijar objetivos más altos. Había que currar, rápido y seguido. Lo primero que se le atribuye es el alunizaje al Ikea de Vallecas, con «un X-5 molón» que dio pruebas de su solidez alemana, saliendo a toda marcha con quema de neumáticos tras un exiguo botín, unos seis mil euros de nada, en esta España del desplome. Sin perder los nervios, aunque el apodo le obliga, Manolo pudo trazar otro asalto días después, mucho más provechoso: el furgón de Cartier que salía del «puerto seco de Coslada» y que, según las investigaciones, fue delatado por algún *santo* (chivato) no conocido.

Se llevaron cuatro millones de euros y parece que con el mismo todoterreno BMW al que decidieron jubilar como las fallas de Valencia. Pese a que lo quemaron, no pudieron hacer desaparecer todas las pruebas y se dice que encontraron allí catálogos de Cartier, mientras los agentes localizaban a los supuestos cómplices del *Nervios* deshaciéndose, porque quemaban, también por calcinación, de treinta relojes —¡señor, qué pena!—, de la lujosa marca francesa.

Una decena de detenidos, acusaciones, preguntas sin respuesta. El atraco de Cartier, éxito cumbre de la policía, pero, mientras, otros grupos de atracadores asaltaban un nuevo furgón, esta vez en la M-40, junto a O'Donnel, cargado de relojes Tag Hauer. «¡La manía que les ha entrado a los atracadores por robar el tiempo!». Saben que cada minuto cuenta, por lo que es mejor llevarse los relojes. Los atracadores, espejo de delincuentes, se presentan a los comicios asaltando almacenes de joyería, concesionarios de vehículos y, lo que es peor, casas y chalets de Colmenar Viejo, donde los agredidos juran que les echaron un *spray* para dejarlos dormidos. A uno de los atracados le sacaron lo que llevaba en el bolsillo del pantalón mientras estaba en brazos de Morfeo.

Gobierno, ¿dónde está la seguridad de nuestras casas, de nuestras calles, de nuestras joyerías? Gobierno, ¿dónde están los niños desaparecidos? Gobierno, ¿dónde está la seguridad y la confianza perdidas? Los atracadores, poco a poco, van confeccionando un cartel electoral. Su programa es sencillo: cuanto más fácil se lo pongan, más atracos y más osados. Dicen, porque las cifras no están claras —aquí nunca se aclaran con las mujeres muertas de violencia machista, las víctimas de tráfico, la incidencia real de la delincuencia— que solo cincuenta delincuentes coleccionan miles de detenciones, de tal manera que toda la policía va en realidad detrás de los mismos todo el tiempo. Manolo, *el Nervios,* sin ir más lejos, llamado así porque es persona hiperactiva y culo de mal asiento, estaba apartado de la circulación por gente diligente que lo considera un peligro. Pero, mira por donde, llega la ley y lo deja salir a darse un garbeo. Inmediatamente, dado que la oportunidad la pintan calva, se dispone a subirse al tiovivo de los precios y con lo caro que está todo, los delitos se multiplican para que los atracadores lleguen a fin de mes. El «alunizaje» del

Ikea abrió una oleada de atracos que, si nadie lo remedia, llegarán hasta el 9 de marzo.

En todos los países del mundo son los ciudadanos los que acaban tomando las riendas de su seguridad y exigiendo a los políticos que los defiendan. El agujero de las leyes españolas permite que los peores delincuentes —una y otra vez capturados— tomen las de Villadiego, sin ni siquiera la molestia de enroscar la sábana como antaño, sino poniendo el pie fuera de la verja en un suave paseo matutino. Ninguno de los partidos que se presenta pone el acento en la seguridad como bandera. El partido en el poder, ya se ve lo que da de sí: con las cárceles repletas y Manolo, *el Nervios,* de vacaciones. La oposición, a la que siempre se le supone una apuesta por la ley y el orden, parece dar por supuesto que si sube al poder, cesará el embate de los atracadores. Nadie se plantea que esto puede quedar fuera de control. Los atracadores españoles han asimilado las técnicas destructivas de los que llegaron de fuera; aquí siempre se han dado «alunizajes», pero nunca tan violentos. De atracos, no digamos, pero ninguno con la precisión de un golpe militar. En tres minutos, el botín y todos en la «mula» de salida. Los atracadores concurren a estas elecciones, e incluso cometen quebrantamiento de condena para depositar su voto; y al que no le dejan llegar a la urna, por lo menos, intenta determinar su opción política. Ellos apuestan por los más incompetentes, por quienes menos les persigan. Jamás, como en este estado de cosas, se han cometido tantos asaltos a tan jugosos objetivos en tan poco tiempo.

Los atracadores entran en las grandes superficies comerciales dando tiros, en las joyerías o en tu casa. Si se encuentran al dueño, le repasan con una buena paliza y obligan a la mujer a buscar el dinero y las joyas. Queda claro su programa electoral: los que quieran atracos, que los voten. En tanto, los políticos niegan la mayor: «Aquí pasa lo de siempre; no, no hay más asesinatos; no, no hay tantos atracos. Tampoco hay más desaparecidos. Son los de siempre». Una cosa es que en los países democráticos se penalice con dureza la mentira. Vean, comparen y esperen, que Manolo, *el Nervios,* ya está tramitando su próximo permiso penitenciario.

su puesto, aunque ha quedado desairado ante la ciudadanía como alguien que no interviene, ni siquiera por curiosidad, en los desmanes que se investigan, que aunque no terminen con fuertes condenas, como se prevé, contra los encausados, son muestra de un mal tan extendido que por obligación debieron llegar a ser materia de un pleno del consistorio, este consistorio de piedra pómez y lámina de corcho, donde sistemáticamente rebotan las preocupaciones por la seguridad.

A solo unos kilómetros de la capital del reino, en el entorno del aeropuerto de Barajas, Coslada ha sido la ciudad donde la policía, según se indaga, llegó a hermanarse con la mafia rumana de explotación de blancas. Los agentes más cercanos al jefe, entre los que han sido detenidos los conductores del propio Ginés y del alcalde, son acusados de amenazar, repartir palos, provocar miedo, cobrar *mordidas* y tener aterrorizados a propietarios de bares, locales comerciales y lugares de alterne. Las prostitutas rumanas, que esto es muy de película, pagaban «en carne» las exigencias del Bloque, el entorno del rey Midas de la policía rodante. Es decir, que se hacían «un rápido» o «una entrega» a bordo del «Z pitufo», quizá mientras sonaba a toda marcha el pirulo o la sirena, marcando el imperio de los pretorianos en la ciudad de la izquierda sorda.

No crean ustedes que los políticos se sienten acaso avergonzados por haberse turnado en el poder, primero fue el PP, ahora es el PSOE, con otras fuerzas de la *gauche divine,* mientras continuaba incólume el estilo supuestamente mafioso de Ginesillo de Alcantarilla a quien se le suponen más de dos décadas de dominio absoluto, como si estuviera en México o algún lugar de Bolivia o Venezuela, durante el cual se ha sentido tan fuerte que ha plantado cara a concejales y regidores, huyendo todos despavoridos a la hora de ponerlo en su sitio. Por no atreverse, no fueron capaces, unos y otros, de ponerle un supervisor, pese a las irregularidades, denuncias y sospechas que llevan lustros acumulando polvo.

El policía, dicen ahora, era «el *sheriff*» malo de «mil doscientas almas», en un sitio donde la comunidad de Madrid hizo el esfuerzo de añadir agentes de la BESCAM para aumentar los niveles de prevención, arrojando sin saberlo, gasolina al fuego. Pero llovía sobre mojado. El auténtico jefe de la villa, como ahora se sospecha, fue doblegando los esfuerzos, convirtiendo la inversión en un falso dato, difundiendo, con sus malas artes de periodista *chiripitifláutico,* que en su demarcación los niveles de delito habían bajado. Era cierto: puede decirse que en Coslada no había prácticamente delincuentes: solo la policía era delito, como se sabe ahora, ante el pasmo de los ciudadanos, que los políticos dicen que no denunciaban y de los políticos que no actuaban, pese al clamor general. En Coslada, el malestar era un runrún imparable, un roeroe del poder, una manifestación oculta de la ciudadanía que transida de horror no confía ya en las autoridades ni siquiera para evitar que les sigan extorsionando.

Tipos guapos, gente de gimnasio, atléticos, fardones, chicos de músculo y *pipa,* de palo y hierro, los extorsionadores de Ginés, los hombres de Ginés, cuentan y no acaban, vacilaban más que un submarino bajo el agua. Dicen que algunos agentes de la BESCAM fueron captados para las malas artes del capo local. Si fuera así, los responsables de la comunidad deberían emplear la cirugía entre los agentes de inspección: ¿Los ayuntamientos emplean a los BESCAM para servir a los ciudadanos? El «caso de Coslada» desvela que el descontrol puede hacer que acaben cobrando de los madrileños para amenazar a todos los que deben protección.

27

LOS TIMOS VUELVEN CON FUERZA

Dos hombres de unos sesenta años han sido detenidos por practicar el «timo de la mancha». Regresaban de una amplia gira por media España cuando fueron sorprendidos. Se presentaban de una forma amable y cortés a la salida de las agencias bancarias y fingían ayudar a los que habían sacado dinero con limpiarles «una mancha» que les había caído de algún tejado o balcón.

Naturalmente la mancha era falsa o producida por los mismos timadores, que tenían tan ensayado el cuento que a veces uno de ellos se hacía pasar por conserje de una finca vecina y así se introducían con la víctima en la entrada de la misma donde, mientras simulaban limpiarle la mancha, en realidad le limpiaban los bolsillos.

Los timadores son en principio unos delincuentes que caen simpáticos porque practican el robo con arte, pero a veces el daño que producen es de tal alcance que han llegado a provocar graves heridas o incluso la muerte. En el caso concreto de los dos chilenos detenidos por practicar el antiguo cuento de «la mancha» se daba la particularidad de que cuando eran descubiertos o las víctimas se resistían, actuaban con gran violencia, pasando directamente al atraco. Se calcula que habían obtenido un botín superior a los sesenta mil euros en poco tiempo, y lo peor es que las principales víctimas solían ser las más vulnerables, ancianos o mujeres desprevenidas.

Otros timos de franca actualidad son el «nazareno» y «las cartas nigerianas». Por el procedimiento del nazareno, quizá llamado así por la penitencia que supone, fueron detenidos trece implicados hace solo unas semanas, acusados de estafar tres millones de euros a más de cien empresas. El cuento consiste en comprar mercancía a crédito y venderla al contado de tal manera que, cuando los estafados tratan de cobrar lo que les corresponde, los timadores han desaparecido y se han llevado con ellos el tinglado montado para sus propósitos.

El nazareno es un timo muy antiguo, esta vez detectado por agentes de la madrileña comisaría de Usera. En unas naves de Villaverde y Numancia de la Sagra han sido recuperados electrodomésticos y otros objetos, principales objetivos de los delincuentes. Los falsos compradores se presentaban como representantes de empresas instrumentales, dedicadas a los electrodomésticos, material informático y de construcción. Como siempre hacían pequeñas compras que pagaban con dinero en metálico hasta generar la confianza suficiente para «el gran encargo».

Una vez conseguido el efecto deseado solicitaban un pedido que sería abonado como es frecuente «entre grandes empresas», en letras de treinta, sesenta y noventa días. Tal y como se ha dicho, al recabar el pago, los «nazarenos» habían desaparecido. Los agentes calculan que hay gran cantidad de estafados y que algunos todavía no se han dado cuenta de que son víctimas de este robo porque no se ha cumplido el plazo del cobro.

Las «cartas nigerianas» son un diabólico plan por el que se calcula que en tiempos recientes han sufrido engaño al menos mil quinientas personas. Según los investigadores se planifica en Nigeria, pero se concreta en Málaga, desde donde se dirige a «posibles clientes» de Estados Unidos y del norte de Europa.

Las misivas se mandan por parte de un supuesto directivo de la organización de loterías del Estado que informa a los destinatarios, elegidos de forma aleatoria, de que han sido agraciados con un premio de la lotería española. Con el gancho del premio de un sorteo inexistente, se les reclama entregas de dinero para pagar «impuestos y gastos de gestión». Aunque parece una idea descabellada, lo cierto es que muchos incautos pican en esta maquiavélica trama donde el peligro, según la estadística, es perder unos dieciocho mil euros por timado. Los denunciantes no son españoles, los detenidos son más de medio centenar y fueron capturados en Málaga. Se cree que el montante de la estafa asciende a los veintisiete millones de euros.

Este timo, ahora tan de moda, se ha instalado en nuestro país como lugar desde el que enviar «los cebos» y donde reconducir las gestiones, dado que la lotería española goza de fama mundial por la eficacia de su sistema y lo grueso de sus premios. Las «cartas nigerianas» descubiertas a finales de mayo presentan grandes mejoras respecto a otras ocasiones igualmente descubiertas. El texto no tiene las faltas de ortografía que antes las delataba y se han incluido nuevos métodos de engaño más sólidos que los anteriores. La organización desarticulada enviaba veinticinco mil cartas al día, utilizando para ello locutorios telefónicos del centro de Málaga.

Para hacer más creíble el cuento incluían números de referencia, logotipos y membretes, adornados con sellos y firmas que les daban un falso carácter oficial. En algunos casos lograron de sus víctimas hasta noventa mil euros.

Como en todos los timos, pese a la vigencia de los delincuentes, que ensayan un procedimiento basado en la actuación desprevenida y crédula de los timados, hay numerosos perjudicados que no suelen denunciar para evitarse el papelón de ser reconocidos, una vez perjudicados por las cuantiosas pérdidas. La única forma de prevenirse ante el timo, hermano menor de la estafa, es conocer el método y saber que la mayoría de los registrados vuelve a castigar una y otra vez, según se encuentran *primos* preparados para entrar en el juego.

La habilidad de los timadores puede alcanzar cotas increíbles. A principios de este mes se ha detectado a una víctima de un singular cuento, un vecino de Collado Villalba pagó ochenta y ocho mil euros por la manutención de una hija que nunca tuvo. El gancho, una mujer colombiana, logró hacerle creer, durante cinco años, que había dado a luz a una niña de la que era el padre. Dado que los timadores son insaciables, la estafa se descubrió cuando intentaron sacarle todavía más dinero informándole de que la madre y «la niña» habían sido secuestradas y pidiendo un rescate. La madre alimentaba la fantasía enviando fotos de la falsa niña y le ponía al teléfono al timado una voz que se hacía pasar por ella.

28

SICARIOS DE TODO A CIEN

Matar a otro por encargo viene siendo una fórmula que gana adeptos. Lo introdujeron las mafias de la droga que hacían venir a los profesionales del otro lado del mar con un billete de avión de ida y vuelta. Las necesidades del negocio les hicieron abrir franquicia en España: las oficinas de sicarios tienen delegados en las ciudades españolas. Varias decenas de víctimas se atribuyen cada año a la acción de asesinos profesionales, pero lo último es que los delincuentes españoles han entrado en este terreno ofreciéndose a matar a mitad de precio.

Algunos crímenes que huelen a sicario tienen muy mal aspecto, como de dejadez y torpeza. Los investigadores no se aclaraban hasta que descubrieron que pueden ser aficionados o novatos que ensayan la nueva fórmula. Normalmente se trata de filodelincuentes que han hecho pequeños trabajos de extorsión o amedrentamiento, que han participado en alguna operación de castigo o han dado una paliza para escarmentar a quien no se intimida. Gente que al final se atreve con lo que de verdad da dinero: liquidar un objetivo.

Pionero de estos sicarios de «todo a cien» fue el autor del intento de homicidio del abogado Emilio Rodríguez Menéndez al que su esposa, Laura Fernández, mandó matar ofreciendo el precio más sugerente de toda la historia criminal: cincuenta millones de pesetas, un reloj Cartier de oro y... un polvo. Todavía se recuerda la evocación de aquella escena digna de *Instinto básico* en la que la dama rubia ponía precio a su viudedad ofreciendo la entrepierna. El delincuente Nacho de la Rocha aceptó el reto y montó una acción espectacular con persecución en moto en la que falló de forma catastrófica y acabó con un tiro en salva sea la parte.

Otros se atreven también con un bocado que no pueden tragar y afortunadamente se arrepienten, como Javier Zaragoza que en 2003 aceptó el encargo de atentar contra la vida del fiscal jefe de la Audiencia Nacional. Es gente que emprende un camino demasiado duro sin la experiencia vital de los verdaderos devotos de la Virgen de los Sicarios.

A Salvador Miralles, ex alcalde de Torrelles de Foix, Barcelona, le tocó por fortuna un debutante. El individuo, presunto traficante de droga, se vino abajo y confesó que le habían ofrecido cincuenta mil euros por matar al edil. A este parece que le salió un competidor que estaba dispuesto a lo mismo ahorrando un buen pellizco. El proceso está abierto y se investiga.

Sin embargo, el alcalde de Polop, Alicante, Alejandro Ponsoda, no fue advertido a tiempo. Llegaba a su casa cuando, según la hipótesis policial, le dispararon con un arma de pequeño calibre. Esta suele ser la actuación que prefieren los ejecutores remilgados. Permite una gran precisión, aunque hay que disparar desde muy cerca y a puntos vitales. Las sospechas de la policía se decantan por la intervención de sicarios. Incluso podría tratarse de novatos, individuos que se pasan al crimen después de una experiencia como matones. No obstante se manejan otras posibilidades.

Trabajo de sicario, pero esta vez mucho más profesional, se considera la muerte del abogado Rafael Gutiérrez Cobeño que fue asesinado junto al Retiro, en Madrid, al volante de su coche, un flamante 4 x 4, instantes después de haber salido de su despacho. Fue el 27 de noviembre de 2005. Bien entendido que la víctima no tiene por qué estar envuelta en ningún delito. Simplemente molesta o interrumpe a los delincuentes que deciden eliminarla.

El contrato de asesinos es una especialidad de las organizaciones criminales. Funcionan siempre en caso de ajuste de cuentas o robo de mercancía. Las bandas rivales pagan para quitar de en medio cualquier engorro. El profesional llega de fuera, a veces de Colombia, o de otros lugares, incluido Europa del este. Recibe una foto y una descripción del objetivo. También un arma que suele adaptarse a sus deseos. Localiza al tipo marcado, lo quita de en medio, sin odio ni saña, cobra, y desaparece.

Sus imitadores, los novatos españoles, tratan de seguir los pasos en todo, pero a veces meten la pata. Matan al que no es, por ejemplo, un hermano de la víctima, solo porque conduce el coche de otro, o incluso, confunden a un simple transeúnte con el objetivo. Sus crímenes suelen ser chapuceros, «muy guarros y llenos de improvisación», precisa un investigador criminal. Tratan de estar a la altura, pero se nota que son debutantes. La policía tiene que abrirse camino entre los homicidios con marca profesional y los aficionados. Lo que no resulta nada fácil.

Mucho peor es capturar a un sicario. No tiene relación alguna con la víctima y desaparece de escena en cuanto termina el trabajito. No obstante la policía española es tan buena —algunos dicen que es la mejor del mundo— que ha logrado capturar a algunos sicarios con las manos en la masa.

El domingo 21 de octubre, en un paraje de San Martín de la Vega, Madrid, en una zona conocida como La Marañosa, fueron encontradas seis bolsas de basura que contenían los trozos de un cadáver. Se trataba de un hombre joven. Lo hallaron soldados que estaban de maniobras. Una llamada alertó sobre el tema: «Esto huele a sicario», dictamina una fuente que no falla. Los forenses han reconstruido el puzle con el tronco, brazos y piernas, en busca de la identidad del desconocido. Masacre típica de ejecutores profesionales.

La capital ha acumulado en poco tiempo gran cantidad de casos misteriosos que podrían tener como autor a un sicario. Unas veces con método impecable, otras, con la tara de la obra mal hecha. A mediados de septiembre encontraron semienterrado otro cuerpo. Esta vez fue en Ciempozuelos. Era un varón que estaba vestido solo con ropa interior. Al cuello llevaba un cadenón de oro, al estilo de los machos desafiantes. Presentaba la cabeza y parte del cuerpo quemados con ácido. Al cadáver, como al Che Guevara, le faltaban las manos. A juicio de los expertos, presenta todas las características de una ejecución a cargo de una banda. Aventuran que puede tratarse de un sudamericano.

Los auténticos profesionales que alquilan sus servicios son caros, han recibido entrenamiento militar o son ex miembros de grupos paramilitares o guerrillas. En razón de la complejidad, el precio puede ser alto y contactar con ellos presenta dificultades. Por el contrario, en Internet aparecen páginas en las que con remoquete de oferta se ofrecen a provocar la pronta llegada de una herencia o a quitar de en medio el amargor de una vida sacrificada. El terreno que se pisa en la red de redes es resbaladizo y oscila entre la trampa y la estafa.

Por desgracia para los investigadores las pistas más seguras vienen del boca oído, mercado en el que una señora que quiere ser viuda, un individuo harto del matrimonio, de su jefe o de su socio, fuerza el destino. La lucha política también ha entrado con fuerte demanda. Como se teme, los alcaldes pueden ser un buen objetivo. Normalmente, más allá de las rencillas personales, por decisiones en torno a terrenos, recalificaciones y concesiones de construcción.

Los investigadores temen que algunos de los cadáveres encontrados, como el que no tiene manos en La Marañosa, sean la prueba de una guerra entre poderosas organizaciones, al estilo de Chicago años treinta. Nuestro país es probablemente el de más alto consumo de cocaína de Europa y eso implica una tupida red de abastecimiento, por ejemplo. Hay una lucha por repartirse el territorio y por la conquista del cliente. La «pérdida» de la mercancía por robo o secuestro suele ser uno de los motivos frecuentes de ruptura de hostilidades. A partir de ahí, un cuerpo quemado aparece sin manos para complicar las labores de identificación. Los agentes suelen pedir colaboración a la policía del país de origen.

29

ATRAPADO EL SÁDICO DEL PARQUE DEL OESTE

La detención llegó antes que la denuncia pública de que estaba actuando. Se inserta en la larga tradición del crimen sexual que comienza en los cincuenta con el Bandido de la Luz Roja en Estados Unidos y continúa con Zodiac, el agresor sin rostro, en los años sesenta y setenta. El violador del parque del Oeste, recientemente capturado por la policía, en Madrid, presenta características sádicas de intimidación y ensañamiento, busca parejas en parajes solitarios y actúa con crueldad y extrema violencia.

El anuncio de su captura pone de relieve que actúa acompañado de una banda de nueve miembros en la que hay una mujer. Los informes policiales destacan que tiene 18 años y elige víctimas de edades comprendidas entre los 17 y los 24 años. Se presenta rodeado de sus cómplices y busca lugares apartados en los que se ocultan los novios. Un tipo de agresión que en España se remonta a los años cincuenta, en Albacete, donde un psicópata desalmado vigilaba y atacaba a los jóvenes amantes. Una muestra de este tipo de merodeador se da de forma mucho más reciente en Gustavo Romero, *el Asesino de Valdepeñas,* que dio muerte a unos novios junto a las vías del tren tras abusar de la muchacha. Muchos de estos tipos desatados acaban convertidos en asesinos.

La reiteración de los ataques y el mismo modo de llevarlos a cabo hizo rastrear la actuación de un grupo de individuos, encabezados por un delincuente juvenil insaciable y lleno de odio. Fue la señal para iniciar el seguimiento de la banda hasta la captura. Cosa que han logrado en un tiempo récord y tras vigilar los lugares en los que actuaban. Las fuerzas del orden han sorprendido a la banda en un primer estadio, cuando robaban y maltrataban a los jóvenes, infligiendo cortes y pinchazos con un cuchillo de cocina, llevándose las pertenencias de valor, como los teléfonos móviles, y obligando a las parejas a darles el número secreto de la tarjeta de crédito. Por todo ello están acusados de robo con violencia y amenazas.

Los agentes, que suponen que el principal implicado, de nombre César U., de origen boliviano, ha participado al menos en cuatro violaciones consumadas y otras tantas posibles, se incautaron una treintena de teléfonos móviles, lo que indica que podría haber muchos más delitos a parte de los conocidos o denunciados.

Lo realmente nuevo de esta banda del violador del parque del Oeste, que ha tenido incursiones en la Casa de Campo y otros sitios por determinar, es que el jefe necesitara un coro de cómplices. En la historia criminal no se ha dado nunca una mezcla como esta que incluye la premeditación y malevolencia de Caryl Chessman, *el Bandido de la Luz Roja,* y el exhibicionismo de *el Hijo de Sam,* que actuaba en las calles de Nueva York, preferiblemente con público. Es decir que la agresión sexual, arrancando a la chica de su pareja y con humillación del novio aparece con Iván el Terrible y Gilles de Rais y es de sobra conocida desde el siglo XVIII en el que se sitúa el nacimiento del crimen sexual como tal. Sin embargo, el apunte novedoso nos sitúa frente a un chico muy joven, recién salido de la delincuencia juvenil al que se le atrapa transformado en un pervertido. Tras hacer un camino que ha recorrido solo y sin lecturas, ha encontrado en su propia biografía esta forma tan agresiva en la que incluye repasar la cara y el cuerpo de sus víctimas con la hoja del cuchillo mientras les grita y amenaza.

El hecho de que un violador en serie actúe en la capital, o en cualquier otra de las grandes ciudades, y la población no sea advertida podría ser un grave fallo. La banda del Violador del Parque del Oeste comenzó su *modus operandi* el 16 de agosto y la última actuación se le supone el 22 de septiembre, en la reciente Noche en Blanco o jornada del espectáculo nocturno ofrecida por el Ayuntamiento madrileño. En ese transcurso de tiempo una población advertida habría estado preparada ante los ataques de estos indeseables. Es una vieja polémica, instalada en las políticas de seguridad, entre los que defienden la alerta obligada y los que optan, como en este caso, por actuar sin dar tres cuartos al pregonero, con lo que se evita presuntamente el pánico en la población afectada, permite que los delincuentes se confíen, pero igualmente se aumenta el peligro para los desprevenidos. Lo suyo es denunciar que se ha detectado la actuación de un violador en serie para que todo el mundo tome precauciones.

César U. presenta un perfil que le aleja de las maras y le encuadra en una agrupación de delincuentes blancos, esto es, sin antecedentes.

30

EL PUEBLO SE REBELA
CONTRA EL MIEDO

La movida de los Molina en Mirandilla, Badajoz, fue similiar a la de los Bernuy en Villaconejos, y si se fuerzan las cosas, a la de Puerto Hurraco, con los Izquierdo. La gran diferencia es que cuando las cosas se pusieron peor, denuncian los vecinos, en los dos primeros pueblos se lanzaron a la calle, mientras que en el tercero esperaron a que sonaran los disparos, cuando no había remedio.

Hará falta un estudio sociológico para saber, paso a paso, cómo un grupo de personas son capaces de canalizar toda la ira de los vecinos y hasta qué punto debe llegar la desfachatez para que la gente buena se subleve. En el asunto más reciente, se acusa a diez personas de someter al imperio del miedo a la población durante diez años. Hasta que el domingo 16 de marzo de 2008, decenas de habitantes de la localidad, que tiene apenas mil cuatrocientas almas, se lanzaron al asalto de la casa de los Molina, se piensa que con las peores intenciones. Los presuntos autores del estado de tensión permanente en el que vivían los mirandillanos dispararon desde dentro de la casa en la que estaban atrincherados. Su abogado explica que fue debido a miedo insuperable o defensa propia, pensando que les iban a linchar.

La Guardia Civil tuvo que presentarse en medio del motín evitando que hubiera muertos y se llevó detenidos a Francisco José Molina, y a su hijo Rufino, ingresados en prisión preventiva por los presuntos delitos de tentativa de homicidio y tenencia ilícita de armas. Al yerno de Molina le dio un patatús y fue ingresado en el Hospital Psiquiátrico de Mérida.

Como parte de la cirugía de prevención que estableció la fuerza pública, la matriarca, llamada Presentación, recibió una orden de alejamiento que le prohibía volver al pueblo hasta que el conflicto quedase zanjado. Además, se le imputa un supuesto delito de amenazas telefónicas. La defensa de los Molina insiste en que el único que disparó fue el padre, y para defenderse de los que escalaban las ventanas y el tejado. Según esta versión, los amotinados querían emprenderla a palos con los acusados y prenderle fuego a la casa.

¿Pero cómo empezó todo? Los Molina se establecieron en Mirandilla en 1997. Venían de Mérida. Están empadronados desde ese mismo año. El matrimonio tiene seis hijos. Desde el principio hicieron vida un tanto apartada y replegada sobre sí mismos. La tensión comenzó a subir con el comportamiento agresivo de los miembros de la familia. Uno de los denunciados es el hijo mayor, que se le acusa de sembrar el terror montado en una moto atravesando las calles de punta a punta a toda velocidad, interrumpiendo la apacible vida de sus conciudadanos, y agrediendo con amenazas e insultos a cuantos se atrevían a llamarle la atención. En total, con el yerno y la nuera, un grupo de diez, varios de ellos conflictivos.

Al patriarca, Juan Francisco, hombre joven, de menos de 40 años, se le conoce por Taylor y se cree que eligió el pueblo para aposentarse porque es familia de los Pesetas, teniendo en tiempos abuelos y otros familiares en la localidad. Se ignora cuál es su actividad laboral habitual, pero se sabe que tuvo un concesionario de coches. El nivel económico no es malo puesto que disponen de dos casas y un terreno. No obstante la relación del matrimonio con los vecinos es desde el principio de creciente crispación, hasta el domingo que estalló la furia y tuvo que salir del pueblo protegido por la fuerza pública. A día de hoy, en Mirandilla, los vecinos quieren que los Molina no vuelvan nunca más. Mientras, se tutelan las propiedades de los huidos hasta que la autoridad resuelva.

En las esquinas, de forma anónima, pero valiente, los mirandillanos explican que estaban hartos de pasar miedo, que no se atrevían ni a mirarles, hasta que de pronto, el Domingo de Resurrección, se vieron lanzados «a por todas» contra la casa de los Molina. Había decenas de personas en la turbamulta armada con palos. Se produjeron tres heridos de bala. Era el segundo gran enfrentamiento, en unos meses, con rebelión popular incluida.

En otro lugar, Villaconejos (Madrid), los vecinos se alzaron, a finales de 2006, contra otro habitante al que tenían miedo. En este caso se trataba de Javier Bernuy, *el Calvo,* de 35 años, bajo y fuerte, a quien se le imputa por clamor popular haber sembrado el terror en la villa. Cuentan y no acaban que se cruzaban con él y, solo por mirarle, les agredía. Incluso, a veces, sacó una pistola. En Villaconejos, tres mil quinientos habitantes, a cincuenta kilómetros de Madrid, el último domingo del año, centenares de personas se dieron cita en la plaza. Poco después se encaminaron hacia la carretera de Aranjuez, en dirección a la casa del Calvo: supuestamente querían quemarla para que se fuera del pueblo para siempre.

Ese día, Javier no estaba porque había sido detenido la tarde anterior, pero sí algunos de sus familiares: la mujer, embarazada, los suegros y otra señora mayor estaban dentro de la vivienda blanca, apartada. Y tuvieron que salir huyendo. Al encausado le consideraban un delincuente habitual. Sospechoso de negocios turbios y trapicheos. El comportamiento que había exaltado los ánimos se adornaban de impertinencia, arrogancia y chulería. «Llegaba a un bar y pedía una consumición y… el dinero de la caja». Los clientes se veían obligados a abandonar el territorio para no sufrirle. Le acusan de comportamiento incívico y desconsiderado. «Casi pasa por encima de unas ancianas que estaban a la fresca en una terraza, y eso que la calle estaba cortada». También se le recuerda en el colegio, amenazando a los niños pequeños que no se sometían a su hijo. El caso es que aunque se sentían maltratados, nadie denunciaba por miedo. Hasta que se produjo el estallido popular. Todos a una.

Entonces salieron los antecedentes: cumplía condena, en libertad condicional, por secuestrar a una mujer, presuntamente por una deuda de poco más de cien euros. Otra única denuncia fue retirada por miedo: era por agresión y una nueva paliza obligó a que se olvidara. Muchos de los vecinos dicen tener cuentas pendientes. Todos estaban allí, mientras la casa del Calvo se consumía entre las llamas.

Javier Bernuy, *el Calvo* de Villaconejos, fue detenido en enero como presunto autor del asesinato de un joyero en El Casar de Escalona (Toledo). Salió de la cárcel y se estableció en este lugar, donde el rastro de su comportamiento es ahora peor que nunca. Los que participaron en la quema de su casa no se sienten orgullosos, pero tampoco se arrepienten. Todo lo justifican pensando que ahorraron males mayores. Deploran que les comparen con la jauría humana, les gustaría que estuvieran en su pellejo quienes lo dicen. Si recuerdan Puerto Hurraco, afirman que se adelantaron a los acontecimientos.

31

ALERTA POR EL VIOLADOR DEL VALL D'HEBRÓN

Parece una leyenda urbana alimentada por los medios de comunicación más modernos a través de la red. El Violador del Vall d'Hebrón anda suelto y puede estar en cualquier parte. La psicosis crece en distintos puntos de la nación, mientras las autoridades se muestran ineficaces. Ahora la gran pregunta es si de verdad, al menos, el Ministerio del Interior sabe dónde está. Incluso en los lugares donde lo han desmentido oficialmente, se sigue difundiendo que el violador fantasma se oculta en la ciudad con malas intenciones. Se dice que está en varios sitios a la vez: Valladolid, Zaragoza, Valencia… José Rodríguez Salvador y la mala fama de sus hazañas hacen estragos.

El caso es que, en teoría, ha pagado sus cuentas con la justicia, pero la población no cree que se trate de un agresor sexual desactivado. Su puesta en libertad casi en secreto ha provocado una nube de pavor.

Correos electrónicos con su cara cruzan el ciberespacio. Piden que los receptores se queden con su rostro y lo califican con una palabra muy fea. Hablan de José Rodríguez Salvador, *el Violador del Vall d'Hebrón,* que tras cumplir 16 años de su larga condena fue puesto en libertad y trasladado en secreto a algún lugar no identificado.

Desde la prisión de Quatre Camins, en la Roca del Vallés, Barcelona, se supone que se trasladó a Iznalloz, Granada, donde estuvo recogido en casa de un pariente, pero nadie consiguió verlo. Es el oscurantismo y la maniobra de distracción de su traslado lo que ha creado la psicosis. Todos creen haberlo visto y las poblaciones bombardeadas con los correos electrónicos temen que resida en su territorio.

Los mensajes explican que durante la reclusión el temible violador «se ha sometido sin éxito al programa especial para rehabilitación de delincuentes sexuales». Se citan fuentes penitenciarias para avalar que la junta de tratamiento del centro «no estimó conveniente concederle permisos penitenciarios en las distintas ocasiones que se ha presentado la posibilidad, al entender que no ha dado muestras de rehabilitación». Piden que los lectores se queden con su cara, que estén «al loro con este c...», porque a todos nos interesa. Y repiten hasta tres veces su foto, con el pelo gris, peinado hacia atrás con bucle y bigote.

Es muy posible que ya no tenga ese aspecto. Una fase elemental de precaución es cambiar las señas más marcadas, aunque siempre hay rasgos que no se pueden disfrazar.

Los correos que vuelan por Internet afirman que «el violador que dejaron en libertad, hace poco, está en la calle. Aun habiendo afirmado que volvería a reincidir, el juez lo dejó en libertad». Recuerdan que a Rodríguez Salvador se le atribuye una frase estremecedora: «Lo volveré a hacer. Mi error fue dejarlas con vida».

El aviso que llegó a mi dirección de correo electrónico dice: «este tipo anda suelto por Valladolid, tras la presión de los ciudadanos de Granada para echarlo del pueblo. Está, exactamente, viviendo en Valladolid. Sí, lo tenemos en nuestra ciudad. Dice que así pasará desapercibido y podrá volver a las andadas. Mucho cuidado, difundir el mail a todas vuestras amigas. Esto es serio…».

El caso es que lo mismo se afirma en Zaragoza, donde se precisa, sin mayores pruebas, que está en la calle Delicias. Hace unos días la preocupación llegó a tal punto que el delegado del Gobierno tuvo que desmentirlo oficialmente. No es el único caso. También sucede en Valencia, donde decenas de personas afirman haber visto al agresor sexual en distintos barrios de la ciudad. Todo empezó también con un e-mail anónimo en el que se afirma con seguridad que el ex presidiario vive en la capital. Como en Aragón, se le atribuye una dirección fija, en este caso en la avenida del Cid.

La difusión de la foto hace que algunos vecinos afirmen que lo han visto llevando una vida supuestamente cotidiana: en el bar, en el estanco o paseando por el parque. Si se indaga, se encuentran testimonios vagos: «conozco a uno que sabe exactamente donde vive». Algunos hacen verdadero alarde de imaginación: «yo lo he visto, pero ya no lleva el pelo blanco». Algunas organizaciones de jóvenes han hecho circular carteles y octavillas, encabezando un movimiento ciudadano contra la ausencia de control al violador.

La gran ventaja de los violadores es que se mueven a su aire, como el recientemente detenido en Madrid, gracias a la puesta en marcha del nuevo banco de ADN. Se le atribuyen veinte agresiones a otras tantas mujeres, pero en la información de la captura no figura el periodo en el que se supone que ha estado actuando sin que nadie lo advirtiera o relacionara unas violaciones con otras, fruto todo de la actuación de un violador en serie. El asunto no es nuevo, porque el *Violador de Pirámides,* hoy todavía en prisión, actuó con total impunidad durante ocho años y finalmente fue descubierto por una víctima.

José Rodríguez Salvador salió de la cárcel de Quatre Camins (Barcelona) tras pasar solo dieciséis de los trescientos once años de prisión a los que está condenado por agredir sexualmente a diecisiete mujeres. Contrariamente a lo que informan los correos electrónicos, que lo sitúan en distintos puntos de la península al mismo tiempo, el Violador del Vall d'Hebrón se negó a recibir terapia y psicólogos que le trataron destacaron el riesgo de que vuelva a las andadas.

El fenómeno de la alerta del violador fantasma se extiende mientras, a nivel oficial, no se tomen iniciativas para tranquilizar a la población. En Valencia, se propaga como un reguero de pólvora y llega a Tavernes Blanques. También se dice que está viviendo en Almàssera, donde los desmentidos han ganado la batalla

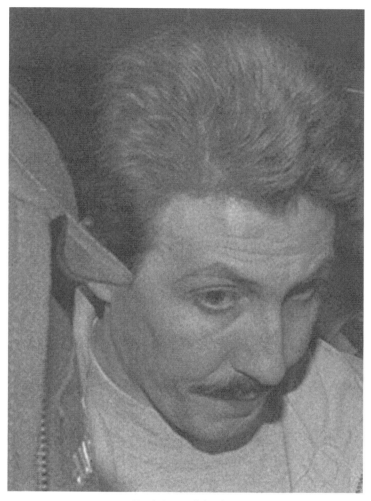

Rodríguez Salvador

a la angustia. En Tavernes, continúa la inquietud. Como en Valladolid o Zaragoza, pese al desmentido oficial.

El hecho de no saber dónde está produce la confusión: puede estar en cualquier parte. Todos lo consideran una amenaza. En otros países, como Estados Unidos, esto no pasaría, porque los agresores sexuales están localizados, incluso por Internet, donde en algunos estados figuran hasta con la dirección exacta. Aquí, el miedo al violador se une a la preocupación por las desapariciones de niños. Las madres acuden en tropel a recoger a sus hijas adolescentes. Los padres han recuperado el viejo cuento contra «el hombre del saco»: «no hables con desconocidos y no transites por calles solitarias».

Los agentes de seguridad son conscientes, en las zonas afectadas, de la alarma que se ha creado y, aunque no han recibido ninguna notificación que corrobore la presencia en su zona de Rodríguez Salvador, se preparan para afrontar cualquier alteración provocada por el miedo.

La policía sospecha que pudo llevar a cabo al menos cincuenta violaciones, pero como pasa en estos casos, por imposibilidad de recoger todos los indicios, le acusaron de veintiocho y le condenaron por solo diecisiete. Las víctimas de Rodríguez Salvador obedecen a un mismo perfil: jóvenes, delgadas y con el pelo claro. Entre sus peculiaridades destaca que, a algunas de ellas, las desnudó y vistió de nuevo varias veces, en un mismo episodio agresor, para violarlas de nuevo cada vez. Es un viejo conocido de la policía, puesto que cumplió una primera condena por violación en agosto de 1990 y solo nueve días después volvió a asaltar a otra mujer. Tomaba nota de la dirección de sus víctimas y las amenazaba de muerte si denunciaban lo que les había hecho.

32

EL VIOLADOR, LA AMENAZA CONSTANTE

Miguel Ángel M. R., de 47 años, detenido como presunto sospechoso de hasta cien agresiones sexuales, podría llevar más de una década actuando con impunidad. Forma parte de ese tipo de agresores que se refugian en una aparente vida familiar ordenada y rutinaria que no permite imaginar ninguna actividad delictiva. Miguel Ángel M. R. figura entre los sospechosos desde hace aproximadamente dos años, pero la policía no lo ha detenido hasta hace unos días, cuando se ha mostrado más segura de presentar cargos contra él. Siete de sus víctimas dicen haberlo reconocido en un retrato robot. Ahora se comparan pruebas biológicas dejadas en sus crímenes por el asaltante.

Miguel Ángel, como Arlindo Luis Carballo, *el Violador de Pirámides*, que actuaba en Madrid ha estado un gran periodo oculto sin ser perseguido, pese a que ya en el año 1993, hace ahora tres lustros, fue imputado por la supuesta violación de una menor, cargo del que fue declarado inocente por falta de pruebas.

Su aspecto y corpulencia coinciden con el hombre que asaltó a numerosas mujeres en distintos puntos de Gran Canaria. La policía, no obstante, lleva las investigaciones con la máxima reserva, pues intenta que no se vicien las indagatorias, incluso mediante la argucia de tapar el rostro al detenido con un casco de moto y gafas. De esta forma no habrá ningún caso de alguna mujer que se confunda de agresor debido a haberlo visto en los noticiarios.

Arlindo Luis Carballo fue el colmo del violador sin antecedentes, puesto que tenía un trabajo fijo y regular, estaba casado, tenía un hijo y la esposa estaba embarazada en el momento de ser detenido. *El Violador de Pirámides* no fue descubierto por la policía sino denunciado por su última víctima, a la que afortunadamente no logró hacer daño. El de Gran Canaria, también coincide en su corpulencia y actitud con los indicios y tiene dos hijos y un nieto. Se calcula que Arlindo Luis pudo abusar de muchas más víctimas del medio centenar de casos por el que fue juzgado. Igual pasa con el actual. Las coincidencias les hacen similares.

Arlindo Luis violaba en horario fijo, durante las horas que le dejaban libre las obligaciones de recoger a su esposa y cumplir con sus propias tareas. Los fines de semana cambiaba el horario de actuación. Siempre asaltaba a las chicas de una peculiar manera: amenazándolas con un objeto punzante, arrastrándolas a un lugar solitario y abusando de ellas durante un macabro secuestro sexual que las víctimas jamás sabían cómo iba a terminar. Todo empezaba cuando después de pinchar a la víctima en el costado, con una navaja o una púa, le decía bajito: «cógeme como si fuéramos novios. Y sobre todo, no me mires».

Las mujeres que presuntamente sufrieron el ataque del detenido en Canarias afirman que utilizaba la violencia. Las siete denuncias que parecen acusarle sucedieron desde el año 2002 hasta la fecha. No se descarta que haya tenido que ver en la desaparición de Sara Morales, la chica de 14 años raptada cuando se encaminaba al centro comercial La Ballena.

La jefa superior de Policía de Canarias ha declarado que se comprobará su ADN con el que se colecciona de cada una de las más de cien agresiones sin resolver. Hasta el momento las presuntas agredidas, que han sido identificadas, son todas mujeres adultas. Y sin embargo, hay un detalle denunciado por algunos menores que creyeron recibir un intento de rapto: el individuo salía de una furgoneta blanca, un modelo igual al que se ha detectado en la captura de Miguel Ángel.

Las víctimas que dicen reconocer al detenido como su agresor, lo vinculan a esta furgoneta intervenida y afirman que el sujeto actuaba solo. La investigación no ha terminado, pero se destaca la dificultad de la captura del presunto culpable dado su perfecto camuflaje entre la gente de bien. Así actuaba también el de Pirámides, puesto que se conducía como un vecino modelo capaz de encargarse de las chapuzas de la finca comunitaria.

En este caso, el perseguido sabía que uno de sus puntos débiles era la furgoneta blanca que utilizaba. En diversos intentos de secuestro frustrado se ha utilizado un coche de estas características, en los últimos tiempos. Sabedor del peligro que corría, ordenó que nadie de su entorno utilizara el dichoso vehículo. Una vez detenido, se ha sabido que vivía muy cerca del pequeño Yeremi, desaparecido, y que pudo estar en la escena de la que desapareció Sara Morales.

Arlindo Luis y Miguel Ángel, por lo que se sabe de ellos, se confunden con el paisaje. Son agresores sexuales y trabajadores regulares, que permanecen en una actividad discreta, defendidos en el ámbito de la familia y en el entorno vecinal. Sin embargo, en el caso del de Pirámides, este camaleón salía a raptar muchachas a las que aterrorizaba mientras estaban bajo su poder, sometidas a sus deseos. Según la policía, Miguel Ángel también hacía uso del «disfraz de bueno» y de la transformación en un incontrolado agresivo. Delincuentes de «cuello blanco», con pocos o ningún antecedente, que tras su sucio trabajo vuelven a la rutina. De esta forma escapan de la policía durante años.

33

VIOLADORES DE CUELLO BLANCO

Tradicionalmente los delincuentes de «cuello blanco» son aquellos que tienen estabilidad social y no presentan marcas de haber sido descubiertos. Es decir, que roban sin aparentemente necesitarlo. Los violadores, como especie de «cuello blanco», han surgido en nuestro país hace solo unos años. El más reciente fue capturado en Madrid. La prensa le ha bautizado con el nombre del *Búho,* porque atacaba a víctimas que se bajaban del transporte público nocturno. En concreto, de los auto-buses de madrugada llamados búhos.

Llevaban siete años tras él. Por fin lo han detenido. Y solo ha trascendido que se llama Isaac y dos iniciales, seguramente para preservar sus derechos. Ni siquiera se ha difundido una foto que podría haber facilitado el reconocimiento por parte de nuevas víctimas. Asombra que las organizaciones de defensa de la mujer violada o maltratada no lo exijan. Aun así, se le supone autor de al menos diecinueve violaciones y cinco atracos. Fíjense bien en lo que se cuenta: un peligroso violador que ha asaltado a mujeres en siete distritos durante más de un lustro: Ciudad Lineal, San Blas, Coslada, Moncloa, Moratalaz, Hortaleza y Alcobendas, del que no se ha advertido a la población. Parece probable que si al detectar las primeras agresiones se hubiera cursado una alerta, algunas de las violadas podrían haberse salvado. Pero nos enfrentamos al delito con métodos antiguos, timoratos y regidos por la política del avestruz.

El caso es que *el Búho* es un tipo de Vallecas, donde vivía plácidamente con su madre. Tiene un trabajo fijo y novia formal. Salía a violar a horas fijas después de la tarea, y cada vez se iba volviendo más agresivo. Humillaba, ofendía, insultaba a sus víctimas. Les tapaba los ojos con su propia ropa interior y ejercía con ellas ese tipo de «secuestro sexual» que no se sabe cómo puede acabar.

La policía ha filtrado que con los datos acumulados, y dado que pese a su estrategia de entrega no acababa de meter al *Búho* en la gatera, sometió a consulta sus impresiones con agentes especializados del Federal Bureau of Investigation (FBI), quienes coincidieron en la impresión de que este violador en serie, por el tiempo de actuación y el *modus operandi,* estaba a punto de matar. Esto es, que pronto podría convertirse en un asesino múltiple. La historia criminal está llena de estos especímenes: *el Asesino de Ancianas* de Santander, que primero fue el *Violador de la Vespa,* y Joaquín Ferrándiz, *el Asesino de Castellón,* encarcelado por violador y puesto en libertad tras una intensa campaña de recogida de firmas. A su salida se transformó en el exterminador de cinco mujeres.

El violador recientemente capturado lo ha sido gracias al empecinamiento del padre de su última víctima, una chica de 15 años, quien logró que se le identificara y finalmente que se obtuviera una prueba de ADN. Menos mal que la pesada maquinaria policial y judicial se había puesto recientemente las pilas con la creación de un banco de ADN. La afortunada adquisición hizo que al introducirse la muestra en el sistema CODIS marcara varias coincidencias. Algunas de las violaciones que se le imputan están, pues, muy bien argumentadas con informes científicos. Pese a ello, la sociedad amenazada por este delincuente de cuello blanco, este violador inmaculado, este ogro confundido con el paisaje, no ha podido ver su rostro, algo que no se sabe bien por qué determinados procedimientos favorecen. Se ha dado el caso de permitir al *Violador de Pirámides* que mantuviera su rostro tapado bajo una capucha durante su juicio, presidido precisamente por una jueza, y ahora se preserva el aspecto del nuevo y presunto criminal, ¿con qué intención?

Uno de los aspectos más vulnerables de los delincuentes sexuales «es el careto», según la jerga policial. Una vez conocido el rostro, las posibilidades de asaltar a sus víctimas con impunidad disminuyen. Sin embargo, el proceso los protege. Estamos en lo de siempre: si fuera un violador de hombres habría una moción en el parlamento para restablecer la pena de muerte.

El caso es que *el Búho,* como Arlindo Luis Carbalho, *el Violador de Pirámides,* no ha sido capturado por la investigación, sino por la denuncia de una de las víctimas. En el historial del de Pirámides, que ya está en la cola para salir de permiso penitenciario, lo fue porque una chica de poco más de veinte años tuvo el coraje de denunciarlo, incluso venciendo las presiones que le hacían: «¿pero tú por qué vas a denunciar, si no te ha hecho nada?» La había sorprendido en el interior del ascensor de su casa, ella adivinó sus intenciones, logró escapar y obtuvo las pruebas para desenmascararlo. Dada la eficacia de la colaboración ciudadana, más efectiva que la del FBI, todavía se entiende menos que no se advierta a la población amenazada. Desde luego las víctimas deberían exigir una reparación por tanto secretismo que las hace más vulnerables.

El Violador de Pirámides es un antecedente directo de este nuevo agresor sexual. Estuvo en activo ocho años, con toda impunidad. Estaba casado y en el momento de ser detenido, su esposa esperaba un hijo. Trabajaba como instalador de gas. Nadie habría dicho que aquel vecino tan simpático, amigo de hacer favores a la comunidad en la que vivía, era el abyecto individuo que secuestraba a jóvenes y las sometía a una tortura emocional, más allá del mero abuso de sexo. Ellas nunca sabían si saldrían vivas. *El Búho,* al igual que el de Pirámides, es un delincuente sin otros delitos que el secuestro, la violación y el robo que perpetra contra las mujeres. De ninguno de los dos se han facilitado fotos, pero del de Pirámides una avezada operación periodística logró distribuir su imagen. No obstante, cuando salga, habrá cambiado de aspecto, fácil de disfrazar. Y habrá aprendido, aún más, a despistar a la policía. Ya sin los años de reclusión, donde la experiencia indica que los delincuentes convierten la cárcel en la Universidad del Delito. Sabía mucho, pero ahora será prácticamente invulnerable si decide volver a las andadas o dar un paso al frente.

Los delincuentes sexuales suelen darse cuenta cuando son capturados de que su proceso sería diferente si no hubiera testigos. Es importante destacar, para no asustar a las víctimas, que no actúan con efectos retroactivos. Sin embargo, muchos se proponen que la próxima vez, no dejarán rastro. *El Violador de Pirámides* llevaba ocho años sin ser descubierto y se dio perfecta cuenta de que le caería una dura condena —es un decir—, porque había víctimas vivas. *El Búho* parece incurso en la misma reflexión. El FBI le supone a punto de transformarse.

34

NOVEDADES DEL
SECUESTRO EXPRÉS

En los recientes cursos para formar «negociadores» de la Policía Nacional se manejaron datos espeluznantes. En España se comete un «secuestro exprés» cada cinco días. En el 2007 se perpetraron al menos setenta, según fuentes policiales, que también informan que hay una cifra blanca, o de secuestros denunciados; y otra, negra, de cometidos, pero silenciados. La gran mayoría de estas invasiones salvajes de la libertad se producen en el ámbito del tráfico de drogas, las redes de inmigrantes ilegales y la trata de blancas.

No obstante, estas nuevas modalidades delictivas afectan también a los joyeros y a sus familias. Así lo demuestra la captura, en Barcelona, de una banda especializada en atracar joyeros y empresarios que retenía a los familiares. Policía y Mossos d'Esquadra abortaron los planes de la peligrosa banda criminal, y detuvieron a tres colombianos que actuaban con una violencia desproporcionada. El grupo procuraba seleccionar a las víctimas y organizar vigilancias para dar el golpe. Lo tenían todo preparado en una acción contra un importante joyero. Se proponían penetrar en la casa, capturar a la víctima y retener a la familia. Con ello obligarían al industrial a entregarles toda la mercancía. Estos secuestradores capturados, innovadores en todo, empezando por el hecho de ocuparse de familias enteras, cometían sus delitos desplazándose en taxi.

Lo que no podían imaginar es que la policía española, advertida desde el punto y hora que empezaron estas retenciones de ciudadanos, breves, pero duras, con trato desconsiderado, estudiadas para sacar el máximo rendimiento económico con la mínima duración, había logrado seguir los movimientos de la banda y tenía advertida a la víctima.

Los delincuentes se cayeron con todo el equipo. Fueron capturados justo en el momento de entrar en la vivienda, cuando se concentraban en el *parking* para el asalto final. Como un *coitus interruptus,* fue la gran sorpresa de unos matones que se sentían dueños de la situación. Ahora meditan los fallos detrás de las rejas en espera de juicio.

La policía es consciente de los peligros de un «secuestro exprés» que aunque pretende un pequeño rescate y una liberación rápida, sin complicaciones, puede suponer un desenlace fatal para la víctima. Por todo ello ha programado el curso de preparación de «negociadores» y les ha dotado de personal altamente cualificado. Ya son personas entrenadas hasta el punto de conseguir lo imposible. Durante su aprendizaje tuvieron que lograr, por ejemplo, que un indigente les diera las pocas monedas que tenía en su bolsillo, o que un taxista les dejara revisar el vehículo sin nada a cambio y sin irritarse. Como vulgarmente se dice, se convirtieron en vendedores de neveras en Alaska o bicicletas en Venecia. Los negociadores de la policía, que siempre han sido muy buenos, se basaban antes en la experiencia de viejos zorros policiales, capaces de la mayor empatía y simpatía. Ahora, además, disponen de técnicas avanzadas y una formación puntera.

El Grupo de Secuestros y Extorsiones de la Comisaría General de Policía Judicial se refuerza. Y lo hace con estos «negociadores» que en principio pretenden dejar en un segundo plano su aspecto de agentes de la ley. Lo importante es la capacidad de comunicarse con cualquiera y utilizar como ariete la palabra y la persuasión. En total, veintidós agentes repartidos por el país, en un momento clave, en el que personas que simplemente aparquen su vehículo en un lugar apartado o mal iluminado o se dispongan a sacar dinero de un cajero en un punto solitario, pueden ser víctimas de un secuestro, que si sale bien, puede llamarse exprés, porque el sufrimiento habrá sido intenso, pero habrá durado poco.

La intervención del negociador será necesaria cuando se trate de atracos con rehenes, secuestros de transportes colectivos, trato con maltratadores de violencia de género, motines en las cárceles, hasta agotar las soluciones pacíficas y las actitudes razonables. Pero en el cuerpo a cuerpo del «secuestro exprés» quizá sea más útil la prevención. Mentalizar a los posibles rehenes.

En la población española es difícil establecer como algo sabido que los delincuentes importados, o los espa-

205

ñoles reciclados, ya no solo pretenden la cartera, sino que buscan amedrentar para obtener el máximo beneficio. Son capaces de introducir violentamente a cualquiera en un vehículo y utilizar golpes y amenazas para obtener el número de seguridad de la tarjeta. O la extorsión a un familiar para que reúna urgentemente una pequeña pero importante cantidad —pongamos tres mil euros—, bajo amenaza de dañar o maltratar al rehén. Las leyes españolas, una vez más, no están preparadas para esta modalidad delictiva; de hecho ni siquiera la llaman por su nombre, puesto que permiten que se confunda con una falta o error funcionarial: «la detención ilegal». Una detención de esa clase, hablando en román paladino es un vicio de la autoridad; el secuestro, es la obra de un delincuente. Si ni siquiera lo llamamos por su nombre, ¿cómo vamos a entender lo que está pasando?

Los nuevos secuestradores juegan con el miedo, un golpe intenso, helado y repentino, que lleva a buscar con urgencia el botín del rescate. Pelagatos del tres al cuarto, que hasta hace nada eran simples ladrones, que empleaban la violencia o la intimidación, son ahora renovados secuestradores que han aprendido el método brutal. Los polis dicen que así se doctoran en la delincuencia. Aunque mientras obtienen el postgrado, la inexperiencia les coloca en una situación en la que, si el asunto se les va de las manos, pueden optar por la opción más dañina. La policía ha doblado el número de sus negociadores y los ha dotado de mano izquierda, pero una vez más nadie se ocupa de advertir a la ciudadanía de una nueva amenaza cada día menos infrecuente.

35

RODRÍGUEZ PUEYO
Y SU BANDA

En España, a los delincuentes no les funcionan los secuestros. Los GEOS, de forma muy brillante, han desbaratado varios, el último hace solo unos días, el más largo por motivos económicos desde hace mucho tiempo. La gran sorpresa es que el presunto jefe de la banda es un conocido estafador: Luis Miguel Rodríguez Pueyo, de 66 años, que ha participado de una u otra forma en algunos de los más enigmáticos casos criminales.

Fuentes policiales sitúan el comienzo de su carrera criminal en 1977, cuando estuvo implicado en la desaparición de un industrial, Felipe Batlló, por lo que fue condenado en la Audiencia de Madrid a doce años de prisión.

Rodríguez Pueyo hizo pareja con Jaime Messía Figueroa, entonces un joven aristócrata al que se le imputan diversos delitos. En 1983 le alcanza el caso Nani, cuando el presunto atracador Santiago Corella Ruiz, *el Nani,* desaparece víctima de una mafia policial.

Pueyo declara que sabe supuestamente donde está y señala hasta tres pantanos distintos donde tiraron los restos. Messía Figueroa, al que reclamaron porque estaba en el extranjero para que declarara en este caso, se vio envuelto en el misterio y algunos le consideran una pieza de la desaparición. No obstante, jamás se encontró el cuerpo del Nani, por lo que Rodríguez Pueyo sigue en el ojo del huracán.

Su gran éxito mediático fue en 1997, cuando el juicio del pub Arny, en Sevilla, en el que decenas de personas fueron acusadas de abusos a menores en el local. El caso se convirtió en un gran circo informativo porque entre los acusados había varios famosos. Los testigos, al principio menores, fueron creciendo mientras se investigaba el gran *affaire* de la pederastia española, que acabó pinchado como un globo. Los principales acusados, entre ellos el juez de Menores de la capital, resultaron absueltos por las contradicciones y falta de pruebas.

A Rodríguez Pueyo se le acusó de participar en reuniones sexuales en un piso de la calle Betis, donde presuntamente se grababan imágenes que luego se emitían en el pub Arny. La acusación no tenía demasiada fuerza, como el resto de las imputaciones, porque al final Pueyo solo fue condenado a un año y unos meses de cárcel. Pero, sin embargo, el proceso le catapultó a la fama. Dotado de un talento natural para el espectáculo, Luis Miguel acudió a las sesiones disfrazado, de una forma histriónica e impertinente. La primera vez que se recuerda llevaba un disfraz de nazareno y una máscara, por lo que se le nombra como *el nazareno del Arny.* En otras ocasiones se dejó ver con sombrero tirolés, espectaculares gafas de colores y bigote falso.

La explanada frente a la Audiencia de Sevilla se llenó de rumores. Yo estaba allí, enviado por la televisión, para presenciar las declaraciones de los principales imputados. Al principio nadie sabía quién era aquella misteriosa máscara, hasta que fue identificado. Los días que asistió con algún aditamento que le tapaba la cara era fácilmente reconocido; sin embargo, su verdadera faz no fue mostrada. Las fotos que le hicieron dejan ver un rostro blando, lo que contrasta plenamente con su caradura. Porque Rodríguez Pueyo es en esencia uno de los grandes estafadores de todos los tiempos que lleva más de treinta años entrando y saliendo de la cárcel.

Se recuerda que según los más viejos de la Unidad Policial Contra la Delincuencia especializada (UDEV), Pueyo intentó estafar a Publio Cordón, empresario de Zaragoza y también curiosamente desaparecido en extrañas circunstancias, como *el Nani*. Se le achaca, igualmente, haber adoptado la personalidad de un intermediario en la compraventa de futbolistas, encargado supuestamente de traspasar del Madrid al Zaragoza al jugador Rafael Martín Vázquez, en aquel tiempo reconocido futbolista internacional.

Con esa persistencia en el delito y la facilidad para salir bien librado que se le puede apreciar, este presunto secuestrador fue descubierto en 1999 cuando encabezaba una red de estafadores. Se le imputaron más de media docena de fraudes inmobiliarios y otros tantos timos relacionados con la compraventa de vehículos. Al ser detenido *in fraganti,* se evitaron delitos que la policía cifra en más ciento cincuenta millones de las antiguas pesetas relacionados con una estafa a un banco y a una conocida inmobiliaria. Pueyo y su banda fueron capturados cuando, como hacían los gangsters de los tiempos del Chicago de la ley seca, preparaban un transporte de whisky.

El secuestro del empresario de Sanlúcar, Rafael Ávila Tirado, tiene tintes de crueldad e improvisación. Como no podía ser de otra forma, esta delicada actividad delincuencial, que en algunos países comparan con el homicidio, precisa de una organización fuertemente jerarquizada capaz de mantener aislada a la víctima, cosa prácticamente imposible en los tiempos que vivimos en nuestro país, salvo para las bandas terroristas que gozan de complicidad política. El empresario, como hace mucho que no sucedía por las limitaciones técnicas y organizativas de los delincuentes, fue retenido durante dieciséis días, casi siempre encadenado, en una casucha en Almonte, haciendo sus necesidades en una lata y fuertemente presionado psicológicamente.

La policía sospecha que Rodríguez Pueyo es el gran organizador de la trama. Les sorprendió encontrarse con papeles a nombre de Joaquín Rodríguez, supuestamente el hermano fallecido del presunto secuestrador. Sin embargo al cotejar las huellas del presunto capo de la trama se descubrió que estaban ante el viejo reincidente Luis Miguel Rodríguez Pueyo, al que los más veteranos de la unidad recordaban como hábil, humorístico e histriónico.

Rodríguez Pueyo con humor.

A las puertas del juicio Arny, Rodríguez Pueyo se exhibía disfrazado de mascarita. No era solo para disimular su verdadera identidad, sino una forma de exhibirse. Resulta extraordinario observar como este presunto secuestrador mostraba su histrionismo burlándose de quienes le habían detenido y de la justicia. Su detención, cuando ya se le creía jubilado, o retirado por el Código Penal de sus actividades delictivas, demuestra una vez más los fallos continuados de un ordenamiento jurídico incapaz de vencer a los reincidentes. El irónico sombrero tirolés, las gafas de huevo de colores y el bigotito de guardarropía demuestran su actitud ante la presunta seriedad de un juicio en el que se juega cárcel. Le condenaron, pero una vez más, al poco tiempo quedó libre.

36

ÓSCAR ABRE UN
«CHIRINGUITO» DE MATAR

Óscar es un tipo colombiano que aterrizó muy joven en tierras españolas. En concreto, ya en el año 2000, fue detenido por el asalto a un furgón de transporte de fondos. Es un chico listo y con la cara muy dura. En septiembre le dejaron suelto de permiso penitenciario mientras cumple una condena que, si la información no falla, es de veinte años de prisión. Estaba en la cárcel de Aranjuez y, como era una lata, decidió no volver a la celda. Algo tenía que hacer para sobrevivir en la jungla de fuera y, estudiadas las posibilidades, decidió según la investigación en marcha establecer una franquicia de sicariato, o sea, un chiringuito de exterminio.

El mismo mes de septiembre, ya apareció un fiambre semienterrado en Ciempozuelos. Tenía las manos cortadas, la cabeza esqueletizada y todo el cuerpo como consumido en un bidón de ácido sulfúrico. En el cuello conservaba un cadenón de oro propio de hortera de bolera. Ahora las fuerzas policiales afirman haber desmontado el negocio de Óscar y dicen tener pruebas suficientes para cargarle el muerto.

Los nuevos trabajos de la delincuencia, según se detectan en este Madrid, en el que el ministro del Interior se esfuerza en buscar uno que lo haya hecho peor que él en la democracia, en vez de subirle el sueldo a los policías bajo su mando, se concretan en soluciones imaginativas para los osados empresarios del crimen. El caso de Óscar no es nuevo porque un «quinqui», también recién salido de prisión por el procedimiento de irse a por tabaco, fue el que comenzó la serie de asaltos con el alunizaje de Ikea, y que se concretó en robos a furgones y otras pequeñeces. Todo esto parece confirmar que la policía, con una ley que no sirve para garantizar la seguridad ciudadana, que atrae a los delincuentes como moscas a un panal de rica miel, persigue siempre a los mismos delincuentes, que como denuncian los joyeros, que son quienes más los sufren, son solo unas decenas de golfos que acumulan cientos de detenciones.

El negocio de eliminar a la gente puede estar detrás de un muerto fulminante en la calle Santa Engracia, en el barrio de Chamberí, cuando dos jóvenes dispararon a la cabeza a un holandés errante que caminaba a la altura de una clínica dental. En pocas horas era el segundo cadáver en las calles, puesto que ese mismo fin de semana, una mujer china, de 49 años, sería tiroteada a la puerta de su negocio, una tienda de alimentación en el barrio de San Blas; otrora modesto y tranquilo. A la vez, aunque de madrugada, en el Soto de la Moraleja, un jovencito jugaba, sin saberlo, a la ruleta rusa apretando el gatillo de un revólver histórico —dicen que tiene más de un siglo—, que guardaba su padre en perfecto estado de funcionamiento, aunque se ignora si tenía licencia. Tras apretar el gatillo y voltear el tambor, una o dos veces, a la tercera, quizá, salió la bala que destrozó el pecho del amigo. En Madrid, a las armas de fuego se les pierde el respeto. Nada extraño, porque antes se le había perdido el respeto a la vida.

A Óscar es posible que le caigan algunas decenas de años de prisión, pero sin tener demasiado en cuenta que es un reincidente, miembro de una presunta banda criminal organizada y que, según los investigadores, su negocio es la muerte.

El cártel de Cali, célebre multinacional colombiana de la droga, tiene grandes ramificaciones en el mundo. Compra agentes del orden aquí y personal de Justicia allá; donde no llegan sus tentáculos económicos llegan sus acciones criminales. Óscar, el supuesto rey de los sicarios, pasado por la «reinserción» de las cárceles españolas, parece que se ofreció como corresponsal de los peores encargos. Los narcotraficantes de calado suelen tener problemas con los morosos. Así que los hombres de Óscar podrían ser perfectamente «los Cobradores del Crack», individuos escandalosos que liquidan a pleno día a quienes se quedan con la mercancía o no la pagan a tiempo. Como toda empresa solvente, los del cártel suelen advertir antes de ejecutar, pero una vez cursada la orden no retroceden. Ejecuciones, ajustes de cuentas, escarmientos, billetes de advertencia para los que se la tratan de jugar.

Chulitos, entrenados, a salvo de remordimientos, los sicarios que establecieron un lucrativo negocio no se arredran. Los propios policías que investigan la trama han dado con un osado proyecto, al parecer del mismísimo Óscar, que tenía entre sus acciones de futuro, presuntamente, la voluntad de eliminar por su cuenta a los agentes de policía que en su día le dieron *coloqueta,* esto es que le detuvieron cuando lo del furgón. Se trata de agentes preparados que saben lo que es la *corbata colombiana* y la *sonrisa del payaso,* porque entre otras cosas son especialistas en redes compuestas por delincuentes capaces, como se ve, de establecer un negocio estable en la capital, donde ya no les da miedo ni la ley ni el orden. Estaban planeando matar policías como si tal cosa, lo que es algo que los gángsters de *Chicago años 30* solo hacían cuando se volvían locos. En *El Padrino,* Michael Corleone tiene que exiliarse a Sicilia cuando mata a un policía. Matar policías es un error peligroso y nada digno de delincuentes con un gramo de cerebro, pero es que aquí nos damos de bruces con la historia de Óscar, nada ejemplar pero sí muy impactante, donde un chiquilicuatre, recién desembarcado de un vuelo transoceánico, se puso a robar y a atracar hasta que lo capturaron, cumplió unos años de nada perfeccionando la técnica delincuencial y licenciándose en el «credo Terminator», para finalmente retornar a las calles como exterminador endurecido. Encontró el campo abonado, poco control y manga ancha. La ley le resbala, las prisiones son de cinco estrellas, con menú y agua caliente. Por todo ello, el chiringuito mortal es una apuesta.

A Óscar es posible que se le hayan caído los palos del sombrajo, como al quinqui de Cartier, pero nadie ha dicho nada de cortar el flujo de vacaciones de delincuentes peligrosos para que no piensen en matar policías.

37

CRIMEN EN FAMILIA

Gregorio, de 59 años, llamado familiarmente *el Culebro,* vecino de El Real de San Vicente (Toledo), fue hallado cadáver en una calle de Talavera de la Reina, a los pies del noveno piso en el que residían sus hijas, de 22 y 25 años. En principio, se creyó, por las heridas que presentaba, que había sido víctima de un atropello. Más tarde se descubrió que era presunto autor de la muerte a hachazos de su madre, de 90 años, su esposa, de 62, y su hijo, de 27, en su pueblo de procedencia, así como del homicidio frustrado de sus dos hijas. Ahora se investigan las razones que pudo tener el que era, generalmente considerado, buen hijo, esposo y padre, para arremeter contra toda la familia. Una de las hipótesis es la del «cuidador quemado».

Además de asombrarnos por los hechos increíbles que vivimos, en el aspecto criminal, tenemos la obligación de profundizar hasta comprender lo sucedido. La tendencia, habitual, no obstante, es solapar un crimen con otro y olvidarse de los grandes cambios que nos amenazan. Es una actitud irresponsable, pero como todos saben no existe un Instituto Nacional contra la Violencia, ni Fundación alguna de Estudio de las Raíces de la Violencia, que nos permita ahondar en los hechos más allá de la mera instrucción policial o judicial. Este mismo caso del *Culebro* es probable que se extinga prácticamente en sí mismo a nivel jurídico puesto que los miembros que han quedado de la familia resultaron tan dañados por el hacha asesina que probablemente no dispongan de fuerzas o ganas para emprender la reconstrucción completa de lo sucedido. Les basta, como es lógico, con salir de esta. Sin embargo, el resto de la sociedad debería plantearse una investigación de altos vuelos para saber cómo un hombre, al que se le supone abnegado enfermero, del que se ha comprobado que, con renuncia de sus propios achaques, cuidaba de una hermana, necesitada de hemodiálisis durante décadas, atendía a su anciana madre, aquejada de demencia senil, a su esposa, que padecía artritis invalidante, a su hijo, que sufría enormes depresiones… de repente, un día, se ve sobrepasado por los acontecimientos, empuña el hacha de la leña y les abre el cráneo.

Luego, este individuo, que según la investigación es el presunto autor del desastre, monta en su vehículo y conduce durante más de veinte kilómetros hasta Talavera de la Reina, donde aparca ordenadamente, sube al noveno piso de un edificio de la calle Conde de Peromoro y la emprende a hachazos con sus hijas, provocándoles graves lesiones y un *shock* emocional de proporciones incalculables. Finalmente, de ser cierto lo

220

que ha trascendido de la indagación, se arroja a la calle por una ventana provocándose la muerte.

Fue un buen hijo, hermano, esposo y padre, pero tamb「también, de confirmarse las presunciones, un homicida múltiple, con un impulso letal inagotable. Uno de los detalles recogidos indica que podría haber fallado en el homicidio frustrado de las hijas porque se rompió el mango del hacha. Esta arma criminal es de una contundencia sin límites, precisa de un acercamiento corporal a la víctima y no puede impedir que se acabe bañado en sangre. Quiere decirse que tuvo que repetir el acto espectacular de matar con el hacha, una y otra vez, al menos cinco veces, con distintos grados de eficacia, pero siempre con el mismo coste personal. Debía estar poseído de una decisión inquebrantable. Algunos psiquiatras, en episodios parecidos, llaman a esto «suicidio ampliado». En mi opinión, hay algo distinto y por definir en este comportamiento: ¿mató a los que más quería porque se volvió loco?

Es posible, puesto que corren habladurías en el pueblo de que tenía cierta patología mental. Sin embargo no ha sido hallado que se sepa el pistón que puso en marcha la maquinaria del crimen. Tal vez la respuesta estaría en la mesa de la autopsia si se encontrara un tumor cerebral o una degeneración del tejido encefálico. No obstante a todo esto le acompaña una importante patología social: ¿cómo es posible que durante décadas, un hombre solo, en una pequeña localidad, tuviera que luchar contra la enfermedad de sus seres queridos sin asistencia ni ayuda suficiente? Eso agrava las condiciones físicas y mentales de cualquiera.

221

La sociedad que hemos construido abandona a las personas que mueren, solas, en sus casas, cuando son mayores, sin visitas ni asistencia suficiente en muchos casos. Esto hace también que un hombre cargue sin comprensión ni apoyo de los otros con las taras de su familia hasta enloquecer y convertirse en un asesino. Hay un fallo de los servicios sociales, pero sobre todo de la cúpula de la sociedad, que no estudia las condiciones ni las raíces de la violencia.

Todo esto no evita el asombro: ¿qué le ha pasado al *Culebro*? De confirmarse su autoría, podría haber sufrido el «síndrome del cuidador quemado». Es decir, alguien que después de entregarse sin límites se ve sobrepasado por el agotamiento de sus fuerzas y no quiere dejar la tarea a la mitad. Su cerebro le impulsa a seguir y no abandona al cuidado de terceros la inmensa carga de atender a los suyos. No quiere seguir viviendo y se los lleva a todos con él. Lo cual no justifica el crimen múltiple, pero lo explica. Un hombre bueno se convierte en criminal ante la incomprensión de quienes le rodean, pero simplemente porque nadie quiso conocer la verdad mientras la tragedia estaba viva.

En España, donde apenas se combate la violencia mediante la reflexión y el estudio, este episodio será olvidado, salvo por los especialistas, hasta que se produzca un nuevo caso de «crimen en familia». Nos toca dar la voz de alarma para impedir que estas cosas se sigan fraguando a nuestro alrededor, mientras los viejos ahogan su dolor o mueren solos en sus casas, recibiendo la parte alícuota de una sociedad despiadada.

38

DEL CRIMEN DE
LA LAVADORA AL CAOS

Un violador y asesino pide que no le dejen salir de prisión, pero no le hacen caso. Fue condenado a cuarenta y seis años de cárcel por el «crimen de la lavadora» en 1988. Abusó de una niña de 12 años y metió su cadáver en una vieja máquina de lavar. Jesús Hernández, de 52 años, responde ahora de los presuntos abusos sexuales a otra niña, en agosto de 2004, en Miraflores de la Sierra. Él ya lo había advertido, pero la ley no tiene solución para casos como este. Nadie paga por los grandes delincuentes que vuelven a reincidir.

En la historia criminal española se repiten los episodios en los que un violador y asesino de menores es puesto en libertad y vuelve a secuestrar y matar a otro niño. También hay violadores que piden a gritos la castración química, pero se les ignora. No está previsto en nuestro ordenamiento jurídico.

El sumario juzgado en la Audiencia de Madrid corresponde a un individuo que en Las Palmas de Gran

Canaria llevó a cabo un espeluznante hecho de sangre en la persona de una niña de 12 años, que sorprendió en la puerta de su casa, la obligó a subir a su alcoba, la sometió a todo el recital de hechos aberrantes que son propios de un delincuente sexual y luego la mató de una cuchillada. Una vez que había escondido su cuerpo en la lavadora, avisó a los padres de la niña y se entregó. Curioso comportamiento el de Jesús, que se declara alcohólico, se reconoce como enemigo público y afirma que no puede estar suelto. Quiere volver a la cárcel porque fuera de su celda dice que todo se vuelve caótico y no puede reprimir sus impulsos. La niña de Las Palmas y la de Miraflores saben cómo se las gasta. Esta segunda sufre, según los expertos, estrés postraumático crónico, que es lo que padecen los soldados tras una larga temporada en el frente. Jesús, que es el que sin duda sabe más de lo suyo, no ha sido escuchado. En tiempos escribía a su abogado cartas en las que decía que un tipo como él no debe salir nunca de la prisión. Era consciente del riesgo. Pero solo cumplió dieciséis años de los cuarenta y tantos a los que fue condenado y lo dieron por bueno.

Fuera, en la ciudad alegre y confiada, no se tomaba nota mientras se marchaba hacia el caos. Simplemente no se sabe qué hacer con gente así para la que la prisión no es más que una nevera en la que sus instintos quedan congelados: dentro no hay objetivo al que atacar y por tanto el impulso latente se retoma en cuanto salen. Ellos son los primeros en saberlo, incluso algunos lo advierten, sin resultado, como si su grito se perdiera en el vacío.

Y el caso es que niñas como Olga Sangrador podrían haberse salvado. Niñas y niños que han desaparecido y muerto, posibles víctimas, algunas comprobadas, de violadores de menores que aprovechan cualquier oportunidad, algunos reincidentes. Debemos tomar conciencia de que amenazan a nuestros hijos y de que alguien debería responder por los daños causados a la pequeña de 10 años de Miraflores. El fiscal pide en el nuevo cargo quince años de cárcel y una indemnización de sesenta mil euros por el daño moral, pero es probable que el acusado sea insolvente y por tanto nadie reparará nada. Además, la vuelta a prisión solo significa otra época de «congelado del instinto», que no sabemos si durará mucho. Y luego, ¿qué? ¿De nuevo a la calle a acosar a las vecinas?

Es increíble que no se aprenda nada de casos tan sangrantes, ni siquiera cuando se hace una descripción como la que acepta el reo. Abordaba a las niñas cerca de su domicilio, las llevaba a su habitación bajo amenaza; a veces, incluso con un cuchillo de veintiséis centímetros de hoja, y luego de violentarlas, las agredía. Afortunadamente, reconoce él mismo ante el tribunal, en la última ocasión tuvo un momento de lucidez, «gracias a Dios», añade, y se fue de casa tras golpear y abusar de la niña, por lo que no la mató. Ahora dice que está convencido de que lo suyo no tiene solución y por tanto no deben dejarle suelto. Si eso lo tiene asumido y declarado, ¿por qué no le hacen caso?

La explicación es sencilla, aunque inadmisible: la ley no lo tiene previsto. Aquí quien comete un delito es juzgado y condenado, y cuando cumple la pena, según la peculiar aritmética penitenciaria, pues, a la calle. En nuestro país no conocemos bien el delito porque casi nadie lo estudia, de manera que no sabemos a qué tipo de delincuente nos enfrentamos. Podríamos arriesgar que se trata de un violador en grado extremo, presunto asesino en serie, en potencia, que tiene difícil o imposible cura. Partiendo de la base de que la cárcel no redime a nadie por sí misma, añadimos que no hay tratamiento alguno que garantice que un tipo así no volverá a delinquir. ¿Qué hacer entonces? Ponernos en guardia ante esta grave carencia. Hay que buscar un sitio para los criminales que no deben volver a la calle. Lo primero es aceptar que esto es así y no dejarlo al azar, que produce tantas muertes. Mientras tanto, vuelve el peligro cada vez que uno de ellos sale de prisión, quizá peor que cuando entró. No podemos olvidarlo porque el asunto no está resuelto.

39

OTRO VIOLADOR A LA CALLE

En este país se presume de proteger a la mujer, de velar por su igualdad junto al hombre, pero a la hora de la verdad las mujeres son el principal objetivo de los delincuentes, y las principales víctimas que están desprotegidas. Por ejemplo, ofrecidas casi con toda impunidad a una floración de violadores a los que, incluso cuando se identifica a temprana edad, no se les puede neutralizar. En esta batalla de mejorar la lucha contra el delito se cruzan leyes de poco acierto como la ley del Menor, a la que sus víctimas acusan de causar gran destrozo.

Lo más reciente es que el presunto autor de diecisiete violaciones cuando era menor, hoy de 23 años, Daniel, ha sido puesto en libertad por la Audiencia Provincial de Barcelona, pese a los informes en contra del Departamento de Justicia de la Generalitat catalana y por el propio fiscal al que se le ha desestimado el recurso.

Daniel es natural de Lérida y, según lo que se sabe de él, empezó en el camino del delito cuando tenía 14 años. Ha estado internado por diferentes atentados a la libertad sexual, entre ellos de once a diecisiete violaciones, además de robos con intimidación. En 2002 se le condenó a un periodo de cinco años de internamiento en un centro de menores. Todavía en su encierro, pero ya mayor de edad, Daniel coaccionó a otro compañero para que se sometiera a sus deseos sexuales, hecho que le supuso una condena por amenazas. Fue condenado a quince meses de prisión. Es precisamente de esta última condena de la que ahora se le libera.

El abogado defensor solicitó en abril la suspensión de pena debido a que su cliente había cumplido tres cuartas partes y la Audiencia le ha dado la razón y lo ha puesto en libertad.

En contra estaba su pasado de agresor sexual, pero no cuenta por ley dado que la legislación impide que datos de procedimientos de menores sean utilizados en causas penales de adultos. Esto que abre una reflexión sobre para quién se hacen las leyes y a quién benefician, supone que poniendo al delincuente en la calle, con los antecedentes borrados y limpios de todo pasado, no se hace otra cosa que cumplir lo obligado. Independientemente de que lo que se legisla no parece aquí lo más adecuado.

Pero es que, además, el departamento de Justicia y la fiscalía desaconsejaron la puesta en libertad de Daniel por el presunto peligro que supone. De ello dejó muestras evidentes, aunque no puedan ser utilizadas penalmente, en el centro de menores L'Alzina, de Barcelona.

Los informes de los psicólogos aportados a la causa no aconsejan la salida de Daniel por su alto riesgo de reincidencia, asunto que ha sido desestimado por la Audiencia.

Luego tenemos en la calle a un nuevo delincuente peligroso al que protege la ley, aunque no sea este el efecto buscado por el legislador. La víctima sin embargo y sin participar en todo el proceso tiene que cargar con un añadido de sufrimiento. Las presuntas diecisiete violadas por el menor, que era pequeño pero capaz de mantener un ritmo alto de agresiones, lo que lo convierte en un delincuente sexual en serie, no pueden olvidar las vejaciones y ahora tienen que sobrellevar el sufrimiento añadido de saberlo en libertad.

La Audiencia explica que no puede tener en cuenta el historial delictivo del procesado cuando era menor, o sea, que si se quiere, la ley puede estar mal hecha, pero que mientras esté así hay que cumplirla. En los aspectos técnicos precisa que solo pueden conocer ese historial los jueces de menores y el fiscal. La resolución arremete contra la Generalitat puntualizando que no hay apenas información relativa a la conducta actual de Daniel, mientras se hace un uso ilegítimo de lo que hizo como menor. El caso es que unos por otros, este personaje ha salido, con una carga importante de peligro que podrían pagar víctimas inocentes.

El fiscal se justifica exponiendo que solicitó que la Audiencia pidiera dictámenes técnicos que no han sido tomados en cuenta y cree que se podría haber denegado la suspensión de la pena de Daniel para que la siguiera cumpliendo encerrado sin pasar por alto la ley. Por ejemplo, se podría haber solicitado un dictamen médico sobre el estado actual del delincuente que quizá habría valido para denegar la petición de su abogado.

En la actualidad, Daniel está en situación de cumplidor de una pena, con la que le castigaron siendo adulto, que está suspendida siempre que no cometa delito alguno en el plazo de dos años. Además le quedan pendientes cinco años de «libertad vigilada» que empiezan a contar desde el momento que pise la calle. Es decir que puede estar fuera pero vigilado.

No obstante ha habido una especie de alarma o susto generalizado al ver la facilidad con la que un muchacho reincidente, con informes psicológicos en contra, la opinión desfavorable del fiscal y el impulso evidente que no se apaga, ni dentro del centro cerrado de internamiento, se puede quedar en la calle, con antecedentes en blanco, ante sus vulnerables víctimas.

Por lo que ha trascendido, el joven Daniel cometió su asaltos sexuales entre los 14 y los 17 años. Podría haber seguido cumpliendo en la cárcel si la peligrosidad que se predica de él hubiera sido acreditada. Sin embargo la Audiencia, según el auto de excarcelación, no considera cimentada la alerta. Lo contrario que el fiscal, que difiere radicalmente de esta interpretación, que ya no es apelable. Si el alto riesgo se convirtiera en reincidencia, aunque parezca extraño, nadie tendría la culpa. La explicación es que así están las cosas.

40

EL BESO DEL SUEÑO

Que te roben a besos es probablemente un sueño. Días pasados un ciudadano confiado en exceso murió en el transcurso de un supuesto robo, tras una fiesta prolongada. Salió con unas chicas complacientes y otro amigo. Estuvieron de copas en distintos bares y recalaron en la casa del compañero. Allí siguió la diversión hasta que el cuerpo se quebró de cansancio. Al despertar, solo uno de ellos estaba vivo. El otro yacía en el suelo, retorcido, tieso y yerto. Dicen que quizá murió envenenado por un beso.

La historia del robo a besos viene de hace décadas, cuando algunas mujeres de la vida llevaban drogas del sueño que introducían en las bebidas a la menor ocasión. Ibas al cuarto de baño, y, al regresar, habían cargado tu cubata con doble de fármaco que borraba la conciencia. Las envenenadoras echaban en seguida mano a la cartera y dejaban al acompañante en un pesado sopor, aunque aligerados de todo el *money*. Al recobrar el sentido, el seducido y abandonado solía quejarse del trato y algunos adornaban el episodio: «Seguramente ella llevaba algo en la boca que me dejó fuera de combate». Muchas veces no hay base real para negarlo. Los tipos robados se metieron en una juerga sin fronteras y cayeron al suelo rotos por el cansancio y el alcohol. Una vez en ese estado las chicas de alquiler se lo llevan todo y dejan a su víctima como un despojo. Todavía hay ocasiones más vergonzantes: son aquellas en las que, de pronto, y cuando el primo está en ropa interior, aparece la pareja de la chica, porque se ha cometido el error de acompañarlas a su territorio, exigiendo dinero y rápida reparación de su honor.

Un tipo robado, en calzoncillos, desposeído de todo lo que tiene, incluido el sentido del ridículo, lo mejor que puede hacer es improvisar una buena historia: por ejemplo, «me dejó K.O. con un beso». Es bueno para despistar y muy romántico. Difunde que el primo no se quedó limpio por estulticia o descuido, sino por amor, en el transcurso de un intercambio, mientras la bella probaba su vigor.

Los policías experimentados cuentan que a veces es tan cierto como el que denuncia un atraco cuando en realidad ha sufrido un timo. La vergüenza le impide confesar la verdad y cuando hay mujeres de por medio, lo primero es quedar como el que los tiene bien puestos.

En alguna ocasión, en efecto, la trabajadora del amor ha suministrado un filtro quitapenas que deja al saurio bebido y entregado, en brazos de Morfeo. Eso pudo pasar en el barrio de Chamartín, Madrid, cuando solo despertó uno de los dos amigos que invitaron a jóvenes sudamericanas a la última copa. La casa estaba en desorden, el suelo lleno de crema hidratante para las manos que pudo ser empleada en algún juego sexual o simplemente como elemento limpiador de huellas, y el colega, reventado de una parada cardiaca, inerte. El susto del hombre bruscamente despierto es perfectamente descriptible. Pasó de la fiesta al duelo en los escasos segundos en los que la muerte, tan próxima con su guadaña, le bajó del paraíso. Llamó a la policía y a los médicos de urgencia que no pudieron hacer otra cosa que certificar el fallecimiento. En el relato de sus recuerdos apareció el intercambio de fluidos, los besos húmedos, en los que algunos se pasan el chicle y las matronas resabiadas empujan un narcótico con la punta de la lengua, en una pirueta aparentemente llena de pasión y violencia destinada a enmascarar el robo.

Quizá sea el efecto pionero de una leyenda que funciona al otro lado del charco, en algunos países hispanoamericanos, donde cuentan que las chicas que venden su cuerpo se protegen los labios y el interior de la boca para besar a los hombres con yerbas o fármacos que les quitan el *sentío*. Es posible, aunque la autopsia revela que el hombre muerto se quedó así por una parada cardiaca, lo que a veces sobreviene por exceso de alcohol y esfuerzo. O porque simplemente rompe la enfermedad no diagnosticada. Para dejarlo claro es como esos que creen que correr es bueno, no lo han hecho nunca, y un buen día, cargados de años y de kilos mueren haciendo *footing*. Un largo periodo de abstinencia precisa de cautela si se quiere estar en plena forma.

Salir de copas a determinada edad no está exento de riesgos. Uno de los más graves es acabar en la faltriquera de algún indeseable. Hablamos de dos hombres solos que terminaron víctimas de besos robados, pero cualquiera puede ganarse la confianza de otro en un sitio aparentemente de buen tono y conseguir que le den posada. Un matrimonio, un suponer, que conoce a otra pareja muy simpática, compuesta por un varón apuesto y una mujer atractiva, puede ser fácil presa de un desvalijamiento si caen en la trampa de invitarlos a casa, «puesto que no están los chicos ni la criada». En el domicilio es donde se atesoran todos los objetos de valor: joyas, dinero y tarjetas de crédito. El matrimonio «gancho» puede descolgarse con un narcótico o una amenaza para limpiar los cajones. Luego será difícil explicar cómo se pudo ser tan ingenuo y confiado de llevar a unos perfectos desconocidos, precisamente, al almacén de todos los valores.

Lo mejor es fingir que te drogaron. No solo los hombres sedientos de sexo son presa fácil, también aquellos que creen que el mundo es un lugar noble.

El daño está agazapado, de noche y de día, dispuesto a saltar y enroscarse en el cuello o en la cartera. Sobre todo desde que el delito se diversifica y agrava dado que los naturales del país manejan pasta, supuestamente la guardan en el calcetín y se han vuelto débiles y confiados. Hay una legión de truhanes, hetairas y celestinas preparados para hacer agujeros del tamaño del canal de La Mancha. Lo de menos es si están dispuestos a robar a besos.

41

Una traición al
pensamiento grecorromano

Las leyes penales deberían estar en constante observación para ser reformadas si no se adaptan a la realidad. En España, desde hace tiempo, la tendencia es a considerar un cadáver como una masa orgánica sin mayor importancia. Esto colisiona con la memoria histórica y resulta una auténtica traición al pensamiento grecorromano. Recordemos como, en *La Iliada,* Príamo arriesga su reino de Troya por rescatar el cuerpo de su hijo Héctor. Arrostra graves peligros para ponerse de rodillas ante Aquiles y le implora que le permita un entierro digno. Por el contrario, en el terruño, la consideración penal de la profanación de cadáveres favorece en la actualidad a los asaltatumbas y descuartizadores.

Sería imposible convencer a una persona de que el cuerpo muerto de su madre ya no merece respeto. Y sin embargo, en la práctica legal, triunfa el cientifismo de que aquello ya no es nada más que materia en descomposición. Eso hace que se produzca un desfase evidente entre el horror que produce un caso como el sucedido en la urbanización Serramar de Alcanar Playa (Tarragona), donde un joven de 19 años dio muerte presuntamente a sus padres y los descuartizó con una sierra, y la pena real que le habría correspondido, de comprobarse los hechos, y haber sobrevivido, puesto que se quitó la vida.

El castigo habría valorado el doble asesinato y la circunstancia de haber cuarteado los cuerpos resultaría meramente testimonial. Es decir, que parece lógico que la pena sea grande por arrebatar la vida, pero, sin embargo, el hecho de no respetar a los muertos merece una mayor atención. No solo por el horror que causa en el común de la gente, sino por el respeto que merecen los seres queridos.

La Guardia Civil, probablemente el mejor cuerpo policial del mundo, como le gusta decir a mi amigo el detective Javier Iglesias Asuar, de la agencia Rausa & Rausa, investiga si realmente Alexander dio muerte a sus padres y convivió con sus restos durante seis días hasta que decidió darse un tiro en la cabeza. De ser cierta esta hipótesis, el suceso entronca con los grandes crímenes de «niños ricos», que podrían encontrar el paradigma en el asesinato cometido por los norteamericanos Natham Leopold y Richard Loeb, en 1924, en Chicago. Ambos trazaron un plan para secuestrar y asesinar a un compañero de estudios. El objetivo era demostrar su poder e inteligencia. Naturalmente fueron descubiertos y capturados.

En el caso del joven alemán de Tarragona, las primeras indagaciones revelan que vivía con su familia en una lujosa residencia, escenario del crimen, desde hacía siete años. Al parecer, las discusiones con el padre eran frecuentes porque no se decidía a estudiar o trabajar de una forma rotunda y eso creaba desavenencias. Alexander era un mocetón fuerte, que muchos califican de normal. Es probable que dentro de la casa tratara como todo joven de imponer su punto de vista y finalmente diera rienda suelta a un arrebato agresivo que, en medio de una discusión por asuntos económicos, le llevó a emplear una escopeta contra sus padres. Esta es, en síntesis, la teoría que barajan los investigadores. No obstante, lo que más les ha impresionado es la brutalidad con la que debió emprender el descuartizamiento de los cuerpos.

Los agentes encontraron rastros sanguinolentos en la casa, no solo junto al cadáver del joven hallado en un pasillo, sino por diversas zonas, lo que constituía una «auténtica orgía de sangre». Es aquí donde se aprecia cómo los agresores han perdido cualquier tabú cultural de respeto a los muertos. Los padres fueron troceados y los restos plantados bajo un rosal. El presunto descuartizador pudo dar rienda suelta a su furor, pero también seguía la inspiración de Leopold y Loeb que trataron de borrar las huellas de su crimen. Muchas veces un descuartizamiento equivale a un intento de ocultación. Al final le salió mal, porque una cosa es planear un doble crimen y otra, distinta, conseguir el disimulo y la distracción para salir bien librado. Se supone que Alexander se sintió acorralado por la policía y por eso se pegó un tiro.

Los datos comprobados hablan de que los trabajadores del negocio de su padre, una fábrica de compresores para la construcción en Sant Carles de la Rápita, llamaron a la Guardia Civil al echar de menos a los dueños y tras hablar con el domicilio, donde cogió el teléfono Alexander, quien trató de convencerles de que todo era normal y de que sus padres estaban de viaje. Todo esto cuando las víctimas ya estaban bajo el rosal y la sangre manchaba las distintas estancias profanadas por la muerte. Es difícil ser convincente en un momento así. Además, seguro que los trabajadores que dieron aviso estaban al tanto de la actitud del joven que, en seguida, captó la amenaza. Un niño rico, indeciso e indolente, a la espera de que el destino decida por él. Sin embargo, atenazado por la angustia y capaz de una reacción desproporcionada.

A las personas capaces de algo como esto, la sociedad no les transmite hoy en día ni el respeto debido a los vivos, ni muchos menos a los muertos. El joven descuartizador, consecuentemente, tampoco tiene motivo alguno para respetar la propia vida.

42

Puerto Hurraco fue la guerra civil

Puerto Hurraco fue la guerra civil. Dos hermanos, Emilio y Antonio Izquierdo, los Patapelás, de un bando lleno de odio y sediento de venganza, dispararon sus escopetas de repetición contra «el enemigo» indefenso, Los Amadeos, pero también contra los neutrales, sin hacer distinción entre niños, jóvenes, ni ancianos. Hubo nueve muertos y siete heridos de gravedad en la pequeña localidad de la Siberia extremeña, a solo ciento cincuenta kilómetros de Badajoz, y los primeros cadáveres fueron dos chicas de 12 y 14 años. Los muy bestias hicieron memoria histórica para dar y tomar.

Abrieron una herida larga y profunda, como solo puede darse en el carácter del español asilvestrado. Lo más grande es que Emilio, el patriarca del clan agresor, estaba convencido de que era inocente y no había hecho nada malo. Creía firmemente que la venganza no era un delito sino un derecho, por lo que los jueces le dejarían en libertad; eso si no le premiaban por haberse quedado tranquilo y hacer que el pueblo sufriera todo lo que él había sufrido. Puerto Hurraco es un símbolo y un motivo para la reflexión. Hay que impedir que echen tierra encima, ahora que está de moda la apertura selectiva de tumbas. Emilio, 73 años, *el Patapelá*, jefe del clan agresor, fue encontrado muerto en su celda de la cárcel de Badajoz, donde cumplía la condena de trescientos cuarenta y cinco años de prisión que, para su sorpresa, le echaron los tribunales. Estaba en el módulo de la enfermería, porque curiosamente sufría del corazón, lo que demuestra que hasta los peores criminales lo tienen, aunque esté averiado.

Un preso culto, que compartió internamiento en la cárcel de Córdoba, tanto con Emilio como con su hermano Antonio, *el Tuerto,* el otro asesino al que un gallo, de pequeño, le estropeó un ojo a picotazos, nos pasaba información de primera mano a Camilo José Cela, —el del premio, a quien siempre le interesó la «España negra», criminales y verdugos, tan fielmente recreada en *La familia de Pascual Duarte,* que por cierto Pascual era un psicópata desalmado—, y a mí, humilde estudioso de la evolución del delito. Los Izquierdo eran presos ejemplares que no demostraban sentimiento de culpa, hasta bromistas, aunque siempre con cierta malafollá. Con sus hermanas Luciana y Angela, que acabaron en un psiquiátrico, hicieron responsable al común de los mortales de la muerte de la madre que los tenía tan protegidos y sorbido el seso que los cuatro quedaron solteros, amargados y llenos de odio.

No eran gente dialogante. Nacieron en Benquerencia, de familia de labradores. En Puerto Hurraco jamás llegaron a integrarse. La rabia les viene del padre, Patapelá, que tropezó con el abuelo de los Amadeos por un asunto de lindes; ya saben: los límites de la finca, motivo tradicional que ha vertido mucha sangre en el terruño. Pero, más tarde, a la incomprensión entre las dos familias, se unió el desgarro de unos amores desgraciados, el desprecio y un rencor sordo que fue creciendo hasta desbordar la casa, quemada en un extraño incendio. La madre-patrona feneció en el fuego purificador, pero no así el ansia de venganza, que siguió creciendo durante seis años. Los Izquierdo se trasladaron a la villa vecina de Monterrubio, donde vivían aparentemente apaciguados. Hasta la noche aciaga en la que los hermanos, simpáticos y desenvueltos en sus celdas, según el sensible corresponsal que compartimos Camilo —el del Nobel, tan cojonudo él—, y yo mismo, informaron a las hermanas locas que se iban a «cazar tórtolas», lo que era como un mensaje cifrado de que había llegado el día del juicio final: el domingo del apocalipsis.

Emilio, que no necesitaba sino de una mirada para que Antonio, *el Tuerto,* le obedeciera, tenía un mal en las manos que le hacía sufrir en invierno. Como cualquier gran asesino que se precie esperó la situación más favorable, el 26 de agosto de 1990, pasadas las diez de la noche, cuando el frío no podía agarrotar sus dedos que cabalgaban sueltos y mortíferos. Hizo una seña y cargaron las escopetas. Tiraron primero sobre las niñas, porque les daba igual la edad o el sexo. Se trataba de que todos tendrían que pagar su retorcida forma de vivir: solitarios, apartados, con el rencor en la cabeza. Es tradición que las hermanas, Ángela y Luciana, también se ocupasen de que nunca se detuviera la espiral de violencia. Había sed de venganza desde el tazón del desayuno hasta la almohada, en una casa de mujeres que se habían quedado para vestir santos y hombres de largos periodos de castidad, o incluso célibes, que no buscaban otro desahogo que el recuerdo de la llama asfixiando, quemando a la madre que los parió.

No solo hay que abrir las tumbas del recuerdo, sino pensar en los heridos graves que quedaron inválidos, atados a las sillas de ruedas, tullidos, destrozados por el atronador impacto de las postas, cada cartucho con nueve gruesos perdigones de plomo que horadaron cráneos, reventaron hombros, estropearon la espina dorsal, dibujaron un recuerdo medroso en Puerto Hurraco. Allí, algunos, con la conocida actitud negativa de ocultar la verdad molesta, como sucede en la villa del Satanás, en «el crimen de Cuenca» o «en el pueblo del hacha», se rebelaron ante la posibilidad de que el cineasta Carlos Saura, siempre tan críptico, llegara a rodar su película, inspirada en estos hechos, en las mismas calles donde sucedió. Sin embargo, no hay derecho al olvido. O más concretamente: el olvido sería un error. El recuerdo debe prevenir hasta pinchar los globos de odio que crecen en las pequeñas comunidades, donde el crimen se fragua de una a otra generación, mientras la de en medio borra la evidencia o tergiversa. Solo el conocimiento nos pone a salvo. Sobre lo que de verdad sucedió en Puerto Hurraco no hay muchos que quieran conocer los detalles ni aprender de ellos.

43

LAS DOS PUNTAS DEL CRIMEN

Por arriba, el crimen elaborado, como el de la maleta, descubierto en Cádiz. Se investiga quién pudo introducir un cuerpo contorsionado en el interior de una valija de 30 x 60 centímetros después de darle muerte. Y por abajo, el asesinato de bebés a manos de su propia madre; que en los años cuarenta y cincuenta, del pasado siglo, se llamaba «madres desnaturalizadas». El mismo día se han dado dos presuntos casos en España, uno en Madrid, y otro, en Valencia. Uno, en una familia española, con problemas, y otro, en una familia de inmigrantes ilegales. El crimen hartamente pensado y el del tercer mundo. Las dos puntas al mismo tiempo.

El compañero sentimental de Betsabé, la chica venezolana metida a presión en la maleta, fue detenido por la policía como sospechoso y se suicidó colgándose de su propia ropa en un calabozo del Puerto de Santa María. Ahora será casi imposible aclarar totalmente el enigma. Pero fuera quien fuese el que redujo a la chica en postura «ultrafetal», la intención es clara: hacer desaparecer el cadáver, en la creencia, compartida con el Vampiro de Londres, de que sin cuerpo no hay delito. Recomiendo al respecto la novela *Corpus delicti* de Andreu Martín.

En nuestro país hay varios casos en los que una mujer desaparecida levanta sospechas sobre su círculo íntimo, pero la falta de pruebas concluyentes impide actuar a la policía. Recuerdo, en concreto, la desaparición de una señora de buen ver que se hizo humo sin llevarse nada, incluso dejando las bragas en la lavadora. Sin embargo su caso no ha podido ser resuelto. En esa misma situación estaba la inexplicable huida de Betsabé, que se ha descubierto como un asesinato minuciosamente preparado. Lo que quizá podría extenderse a la desaparecida que «se olvidó» la ropa interior.

Eso delata a un tipo de criminal preocupado por borrar las huellas. En la casa de Betsabé no quedaron indicios que permitieran saber lo que había pasado. El criminal buscó un lugar apartado, cerca de la autopista Cádiz-Sevilla, vecino a la Venta del Algarrobo y, con una pala, enterró la maleta con su fúnebre carga. Si la naturaleza, en forma de lluvia, no hubiera descubierto el lugar es posible que el autor siguiera burlándose de la justicia. Pero, como suele pasar en la historia del crimen, los asesinos se equivocan en la letra pequeña.

Esa es la gran tragedia de confiarlo todo a la ciencia. Soy culpable de haber dicho en televisión que «creo más en Dios que en el ADN» y los tiempos parecen darme la razón. El éxito de la serie *House* revela que no todo es dejar el diagnóstico a las grandes pruebas como el TAC o

244

la resonancia magnética, sino que hace falta el médico pensador que confecciona el diagnóstico a partir del instinto. Es un médico detective. Ahora solo falta que las grandes series como CSI y sus franquicias provoquen la llegada del policía que recupera a Sherlock Holmes y lo actualice. En definitiva, que además de aprovechar lo aprovechable del ADN, la investigación criminal sea sobre todo un trabajo de reflexión en el que se utiliza cuanto está a mano: olfato, intuición, trabajo deductivo y ciencia forense.

Por ejemplo en el asunto de Betsabé, todo empezó como con Plinio, el jefe de la policía municipal de Tomelloso, aplicando la psicología: en la Venta del Algarrobo apareció un vecino diciendo que había encontrado una maleta semienterrada en un paraje cercano. Y dos policías que paraban por allí a tomar café se acercaron por si la cosa tenía interés delictivo. Acertaron plenamente. La ciencia les ilustró sobre la data de la muerte y la causa de la misma. Lo siguiente fue la detención del sospechoso, que como se ha dicho terminó de forma radical e inesperada. No obstante la investigación estaba encaminada, con una pizca de Séneca y gramos de Leonardo en el estudio de cadáveres. Ahora solo falta la moraleja: un vecino cualquiera, de una región española, es capaz de tramar la muerte y desaparición de una víctima, que a no ser por la lluvia jamás se habría descubierto.

En el polo opuesto, dos bebés amoratados han sido descubiertos tras sufrir una muerte violenta. El de Madrid estaba envuelto en un chándal, en el armario del cuarto de baño; el de Valencia, en la casa de sus padres, con lo que parecían golpes brutales. Este era un asunto frecuente cuando las chicas se venían de los pueblos a la capital o a las grandes ciudades y quedaban embarazadas sin quererlo. Un asunto de referencia fue el ocurrido en la calle Antonio Grilo, donde la hermana de la inquilina del piso había dejado el niño muerto en el armario de la ropa blanca. Eran tiempos en los que las madres solteras estaban mal vistas y eran señaladas por la calle. Además de la pobreza y el hambre, estaba la humillación. Esos tiempos han vuelto: en esencia porque los poderes públicos son incapaces de estudiar la violencia y de cortarla de raíz. Ni siquiera han sido capaces de hacer que penetre en las capas necesitadas un mensaje tan sencillo como este: hoy día nadie tiene por qué desprenderse de un hijo no deseado de forma violenta, hay muchas parejas que esperan adoptar; además nadie mira mal a una madre soltera. Los servicios sociales son capaces de ayudar y socorrer. En caso, claro, de que puedan llegar hasta ellas.

El asunto preocupante es que la izquierda, pero también la derecha, procuran no dar relieve a la inseguridad ni a la violencia. Algunos se escudan en que esos comportamientos pueden ser imitados. El síndrome «Copycat». La cosa es tan antigua como en los tiempos de Franco. Para los políticos papanatas lo que no se conoce, no existe; y por eso hacen que desaparezcan los espacios de sucesos de los periódicos y la televisión. En vez de eso, lo que deberían impedir es la inseguridad y el crimen de la calle.

44

NIEVE EN JULIO

Solo en una sociedad que no considera peligrosa la droga más peligrosa puede darse el establecimiento de un servicio a domicilio donde los camellos te llevan la dosis a casa con un pequeño suplemento. Esta clase dominante, que persigue el tabaco hasta criminalizar al fumador, ha hecho del cocainómano un consumidor glotón y acomodado. Conozco fumadores que jamás habrían caído en el vicio si tuvieran que comprarlo en el hipermercado de la guarrería, entre el barro, los yonquis y los guardias. Antes prefieren dejar de echar humo.

Con el mismo síndrome, los cocainómanos han encontrado una fórmula de tele exprés para llevarte el gramito a casa de forma casi instantánea, gracias al sentido comercial de Pepe, *el Gordo,* que tenía a media familia de repartidores y la previsión de tratar directamente con los colombianos. Los policías que buscaban a los Miami han dado de casualidad con ellos quitándoles la originalidad de su negocio. Lo tenían tan bien montado que aparcaban coches como almacenes a la puerta de las mejores discotecas o en los barrios de más tronío, como el de Salamanca, al que llaman *la Milla de Oro.* Prácticamente cuando la famosa de turno, el abogado o el médico, el empresario o el periodista echaban mano del teléfono móvil, ya estaba la entrega dispuesta para consumir en casa del cliente. La rapidez como bandera.

La sociedad española del siglo XXI se ha acostumbrado a la nieve en pleno julio y las necesidades le llevan a un sistema para los que no pueden esperar. ¿O sería mejor decir para los que no pueden perder tiempo? El promotor de este negocio que imita la comida oriental o la entrega de pizzas requiere de una enorme profesionalidad: los que reparten no la catan. Por cierto, que todo se descubrió en la indagación de Catalin Stefan, Cata, de 30 años, un rumano muerto en el centro de Madrid, a los pies de la discoteca Heaven, en la plaza de Isabel II. El agresor, llamado *el Cuchillos,* le mató a tiros y barrió la calle llevándose por delante a un joven de la familia Rojas Marcos.

Una más de las muertes violentas que pueblan la madrugada. Los rivales de las bandas reclaman su espacio y liquidan tanto inocentes como culpables. En estos enfrentamientos caen tanto los grandes traficantes como los repartidores. El único que se salva es el cliente que seguramente encuentra otro «camello volador» que le traiga el producto recién cortado sin experiencias desagradables. La policía ha retirado el servicio, se ha llevado los camellos al desierto del trullo donde estarán a pan y agua, pero los consumidores encontrarán otros que les llenarán sus necesidades. Que no se engañe nadie, descubierto el nicho, llegaron los destructores de paro en una actividad donde no hay parados.

Los camellos saben ser amigos del alma, creadores de consuelo en la decadencia, sustitutos del dolor y la ansiedad. La dama blanca puebla la tribu de las mil narices, desde la chata y operada hasta la más grande y saludable. Narices de ave de rapiña, de gorriones y golondrinas, de pequeño empaque y gran olfato. La nariz de un par de narices, la nariz ilustrada y protuberante; tiene narices. Orondas, rotundas, horadadas. De tabiques macilentos, rascados, de cartílago comido, débil y rebajado. La nariz del punto de coca que en todas partes se mete, se estira y se entrena, posesionándose de toda una época golosa en la que los *pizzeros* veloces dejan paso al narco volador; la cocaína *take away*, lista para devorar, mientras tratamos de escuchar los consejos piadosos, las propuestas fanáticas, las mentiras mendaces, los nicotínicos segregados con los reyes de la fiesta respirando nieve por la nariz. Si se acaba el combustible, basta con llamar a la gente de Pepe, *el Gordo*, con un par de narices.

SORPRENDENTES

45

MIRIAM, LA CHICA DEL METRO

La criminalidad evoluciona de forma desproporcionada. Hace solo unos años habría sido impensable que alguien que no te conoce de nada te esperara en el andén del metro para empujarte al tren. Fue lo que le pasó a Miriam Alonso, el 4 de octubre de 2005, cuando estaba en la parada de Carabanchel, Madrid. A todos los efectos, el acto fue un intento de homicidio.

Miriam fue arrojada a la vía donde el tren le pasó por encima amputándole la pierna izquierda, un dedo del otro pie y afectándole diversas partes tan delicadas como el vientre o la nariz. El trauma incluso podría afectarle empeorando su situación si decidiera quedarse embarazada. Aun así, salvó la vida y el ánimo. Lo que la ha convertido en una chica admirable, corajuda, que se enfrenta a la vida desde su minusvalía, dispuesta a reconquistar un lugar en el mundo. Miriam es ahora incluso capaz de sonreír y evoca aquellos momentos con fría determinación. Sobre su presunto agresor, Jorge, de 26 años, dice que no le perdonará nunca. No es para menos.

Según la instrucción del caso, la eligió a ella entre todos los que esperaban en el andén y la arrojó a la vía por razones tan deleznables como que «era gordita».

El presunto agresor ha sido explorado médicamente y se le diagnostica una esquizofrenia paranoide, enfermedad mental muy grave, de la que al parecer no se tenía noticia en su ámbito más cercano, donde se cree que solo se le trataba de una depresión, aunque hacía tiempo que no tomaba los medicamentos. Es hora ya de gritar que hay demasiados locos sueltos y de no tragarnos la verdad oficial. Para que se vea la imprecisión de la Justicia española sobre todo esto hay que aventurar que la fiscal ha retirado los cargos por homicidio que solicitaban siete años de reclusión en una cárcel y los ha cambiado por la petición de catorce años, once meses y veintinueve días de internado en un psiquiátrico penitenciario. Es decir, que tratándose de un inimputable por eximente completa, estaría más tiempo encerrado, si así lo decide el tribunal, que si fuera culpable con todas las de la ley. A ver quién lo entiende.

Pero la incongruencia no acaba aquí. El respetado José Antonio García Andrade, patriarca de los psiquiatras forenses, afirma que probablemente los trastornos mentales del ahora reo debieron de comenzar a los 17 años, considerando que hizo lo que hizo a los 23, debió haber sido diagnosticado y tratado mucho antes de que sus ideas delirantes le llevaran a la estación de Carabanchel. De manera que es tiempo de pedir responsabilidades, ¿nadie se dio cuenta de que Jorge había

Miriam Alonso.

enloquecido? ¿No tuvo ningún episodio anterior de conducta delirante?

Tenemos que llegó al andén y eligió a una persona al azar, Miriam, que volvía de su trabajo, en su vida llena de ilusiones y esperanza, hasta que recibió el empujón. Inmediatamente después se entregó a los agentes de seguridad. Esto no debe volver a ocurrir y además lo que le ha pasado a Miriam debe ser examinado de forma exhaustiva. Serviría de vacuna para próximos intentos.

¿Qué se le debe a esta chica con la vida rota? Hay diversos estamentos quizá responsables. En primer lugar la sociedad, en general, que deja demasiados locos sueltos. A los hechos me remito: cada vez más, los peores asesinos tratan de refugiarse en un trastorno mental para ser declarados inimputables. Algo que estoy seguro que habrá de disminuir en cuanto sepan que los que no son responsables de un delito, por enajenación mental, cumplen más encierro que los que lo son. Tal es el supuesto caso de Jorge al que la fiscal supone ya una «curación» a plazo fijo. Dado que ya no se pide castigo sino tratamiento en un psiquiátrico penitenciario, ¿por qué no se exige el mismo hasta la completa curación, esto es, hasta que estemos seguros de que no volverá a empujar a la gente desde el andén a las vías del metro? Tal vez eso llevaría a un verdadero enfermo a la cadena perpetua, puesto que la enfermedad que dice padecer, y que no ha quedado clara hasta el juicio, no tiene cura.

Para Miriam, el Ministerio Público pide una indemnización de 457.059 euros y la acusación particular la eleva hasta 860.000, apuntando hacia los padres del procesado como responsables por negligencia.

Lo más probable es que Miriam, la chica del metro, tenga que ponerse sola de pie sobre su única pierna. Muchas veces las indemnizaciones cuantiosas se quedan en nada. O sea, que tendrá que recibir ayuda de donde hay. ¿Alguien ha mencionado la posible responsabilidad de la empresa Metro? ¿Tendría alguna?

Todos le debemos algo a Miriam, porque es el reflejo de cada uno de nosotros, que tomamos los trenes de forma confiada. Da escalofrío, con las estaciones llenas, ver cómo la gente se la juega pisando el bordillo junto al tren. Un movimiento incontrolado de la muchedumbre, un juego estúpido de unos juerguistas o la intención malévola de un presunto incontrolado, puede hacer que caigan a la vía. Y no solo uno de los viajeros, sino un grupo. El metro, como arma criminal, se ha puesto de moda, puesto que, paralelo al caso de Miriam, se juzga otro en Barcelona, en el que la fiscalía pide diecisiete años para un joven acusado de arrojar al metro, siete meses antes, a un hombre que resultó muerto. En esta oportunidad también se aprecia un atenuante porque el reo tiene mermadas sus facultades mentales. A este paso hay que poner un cartel en las estaciones del transporte público junto a ese otro de «no meter el pie entre coche y andén». El nuevo debe decir: «cuidado, circulan locos sueltos». Y alguien debe pagar las consecuencias: adaptar la casa de Miriam, garantizarle su trabajo, rodearle del ánimo y cariño que merece y compensarla por daños y perjuicios en una sociedad que no garantiza que se puede tomar el metro sin que te maten.

46

Sexo y violencia de género

Sylvina Bassani confiaba en la justicia. Había depositado sus necesidades de prevención y protección en el juzgado. Una psicóloga había evaluado erróneamente el peligro que tenía su marido viniendo a decir, poco más o menos, que no había un problema de violencia de género, sino un asunto de conflictividad de pareja. Estas cosas de la violencia de género se están volviendo tan relamidas que apenas se entera uno de nada. Lo mejor es que volvamos a llamarle a las cosas por su nombre.

Sylvina estaba casada con un sargento del ejército que le daba mala vida. Le había denunciado y retirado la denuncia la primera vez, como suele ser frecuente en enfrentamientos de este tipo, pero pronto tuvo que denunciarlo de nuevo. El juzgado dictó orden de protección y alejamiento. Sylvina era doctora en Microbiología y se había creído, de buena fe, el alarde de lucha contra el maltrato. Así es que, aunque de ningún modo se sentía segura, confiaba. Convencida de que lo suyo con el sargento era imposible, decidió romper y, con el tiempo, tuvo la suerte de encontrar nueva pareja, también del ejército; esta vez, teniente.

Asustada por la presión que el sargento ejercía sobre su existencia, y tras alertar, una y otra vez al juzgado, a través del abogado que llevaba sus asuntos, decidió marcharse, a la chita callando, al domicilio de la nueva pareja, sito en Alovera, Guadalajara. Allí la localizó su ex marido, quien, aunque le habían prohibido portar armas, se hizo con una pistola. Sin que nadie pudiera impedirlo, llamó de amanecida a la nueva residencia de su ex y, según le abrió el teniente, lo dejó frito a tiros; luego entró a por la mujer, y en presencia del hijo de ambos, menor de edad, disparó contra ella produciéndole la muerte. Cuentan que acto seguido llamó a los servicios de urgencia y dijo: «hay dos cadáveres, pero pronto habrá tres». Y con una bala de su propia arma se quitó la vida.

Es como dice el señor fiscal del Tribunal Superior de Justicia de Castilla-La Mancha: «cuando el agresor está dispuesto a matar y a morir es muy difícil que le pare la justicia». Resulta atinado, porque a estas alturas, fuera mandangas. Para empezar, la violencia de género es lo mismo que hacían los señoritos troneras cuando mataban a sus mujeres porque no podían vivir sin ellas. Es decir, algo de toda la vida, a lo que la utilización política le dedica ahora un ministerio, Ministerio de Igualdad, ¡qué cosa más rara!, y pone al frente de una delegación especial a un forense, que como todo el mundo, desde el CSI sabe, son los que examinan a los muertos, o sea que no suelen estar al frente de la prevención, sino que intervienen cuando la cosa no tiene remedio. Esto parece indicar que el Gobierno no cree demasiado en sus propias fuerzas para combatir la pandemia, dado que se prepara para el desastre, aunque tenga cierta confusión en como llamarlo. La violencia de género es solo, y nada menos que eso: una manifestación más de la delincuencia.

El caso es que Sylvina, que era una mujer inteligente y preparada, no daba por cierto lo que el señor fiscal también ha dicho: que por el hecho de haber encontrado un nuevo hombre con el que convivir, y dado que este era superior al sargento presunto maltratador, «tenía un grado de protección importante». Esto, claro, explica claramente la percepción que tiene la fiscalía del problema: la presencia de un militar, resulta disuasoria. Hombre, pues, no. En la vida criminal, da igual la profesión de las víctimas. Incluso la de los agresores. Importa solo la capacidad letal, que según queda probado en el caso del sargento, era máxima.

Si no estuviera todo tan embarullado a fuerza de retorcerlo, Sylvina y su pareja habrían tomado precauciones extraordinarias. Una de las más sencillas es no abrirle la puerta al sargento, especialmente si llama de madrugada. Pero no, resultaron muertos porque curiosamente se creían a salvo, blindados por la artillería verbal de quienes hablan de observatorios, juzgados especiales, aumento de denuncias… hasta solapar la triste realidad del índice creciente y sostenido de la violencia contra la mujer. Primero porque las normas jurídicas no son eficaces y segundo porque la percepción del problema se refleja en la superficie deformante de los espejos del callejón del Gato. Lo cierto es que los asesinados estaban abandonados a sus propias fuerzas, y encima, ignorantes de este frío y desconsiderado albur.

Otro asunto de violencia de género que tiene bemoles es el que en su día cometieron cuatro personas, tres artistas *drag queens,* o travestis espectaculares, y una chica, gogó de discoteca, contra un joven de 18 años, en una sala de Barcelona. La muchacha sirvió de cebo para que el chico se aviniera a la complicidad sexual. Cuenta el relato de la acusación que el compañero sentimental se acercó y dijo que «lo que fuera para ella tenía que ser para él», por lo que el muchacho salió de estampida, horrorizado. No obstante, la fiesta seguía y la chica volvió al ataque logrando que el joven, bien plantado, atractivo y apetecible, la acompañara a la zona de los camerinos, donde solo tenía acceso el personal autorizado, entre otros, los artistas —*drag-queens* incluidos—, que sorprendieron a la víctima, arrojándose sobre él, poniéndole unas esposas en las muñecas y abusando sexualmente del secuestrado. Cuatro contra uno.

Tan grave fue la cosa que el fiscal llegó a pedir sesenta años de prisión, quedándose en la Audiencia en once para cada uno, sentencia ratificada por el Supremo.

Bueno, pues tal es el lío de las instituciones que, según denuncia *El Mundo,* los Servicios Penitenciarios de la Generalitat han soltado a los cuatro violadores, en medio de un gran escándalo, tras solo cinco meses de cumplimiento de condena. Incluso en algunos estamentos populares, con gran predicamento entre la progresía, se habla de que «pobrecitos, solo pasó lo que ocurre en una discoteca cuando se ha bebido demasiado». El «buenismo» que inspiran estas palabras se da de bruces con el Código Penal que brama contra el delito de violación. Es posible que las penas sean en algún caso excesivas y siempre demasiado cercanas al castigo de homicidio, lo que a los violadores alienta a transformarse en asesinos, pero una violación es siempre un delito gravísimo.

El joven que denunció a estos «artistas violadores» no quería tener relaciones sexuales con ellos. Tan claro estaba que tuvieron que esposarlo y retenerlo contra su voluntad. Parece un desliz de nada, pero para que se vea el efecto sobre el que sufre, traslademos esto a las víctimas innumerables del *Violador del Vall d'Hebrón, el Violador del Ensanche, el Violador de Pirámides...* Lo único que varía es el género, que aquí se trata del tercer sexo. ¿Es suficiente para que las autoridades, en Cataluña, hagan la vista gorda y pasen por encima de la condena, para poner en libertad a los violadores? Haría falta un Ministerio de Igualdad Sexual.

47

MORENO, VÍCTIMA DE LA QUE SE AVECINA

La calle cada día es menos de los ciudadanos y más de los delincuentes. La ley no puede parar a los criminales porque sus artículos son «garantistas», de cuando había que garantizar el trato a los presuntos, y no como ahora, que los desprotegidos son las víctimas. Los ladrones prefieren robar las casas con la gente dentro. Vivir en grandes mansiones rodeadas de enorme parcela no es especialmente saludable, porque ya no es tan seguro como cuando la Guardia Civil tenía efectivos suficientes para cubrir pueblo a pueblo. La realidad es que la seguridad ciudadana pierde puntos, que la actualidad se llena de atracadores y que los asaltos a la propiedad privada son extremadamente violentos. Frente a esto, la televisión comercial nos adormece con una eterna nana de parejas que se rompen o descomponen, el famoseo rancio que se retrata en las revistas o que fabrica montajes para mantener distraído al personal. José Luis Moreno, el productor actual de más éxito de la TV, ha sido víctima desgraciada de la desinformación que genera el electrodoméstico.

Moreno fue asaltado en su hermosa casa de una tranquila urbanización de Boadilla del Monte, Madrid, la merecida ostentación del rédito de su trabajo, hasta que empezaron a llegar las bandas de Europa del Este, acostumbradas a asaltar las viviendas con el propietario dentro. José Luis Moreno, el simpático ventrílocuo, inteligente empresario y hombre de negocios, fue sorprendido en el interior de su vivienda, en la que estaba rodeado de familiares y amigos, por un grupo de delincuentes de entre cuatro y seis, dispuestos a todo. Según las primeras noticias reventaron tres cajas fuertes y se llevaron un botín de dinero y joyas. Moreno recibió golpes en la cabeza con la parte sin filo de un hacha, u otro objeto contundente, que lo han llevado al hospital con pronóstico reservado.

Admirador de su talento, imagino que Moreno ha calibrado la enormidad de lo que está pasando, porque nadie tiene nunca mayor conciencia de la realidad que cuando la actualidad le afecta en carne propia. Las televisiones no tienen suficientes espacios de sucesos. Quizá porque a nadie le interesa que se hable de lo que pasa, ya que puede influir en el juicio de los votantes sobre las condiciones de la propia vida.

En el franquismo, *El caso* solo podía publicar un crimen de sangre a la semana. Si había más, en solo siete días tenía que elegir uno. Ahora es lo mismo, pero por un procedimiento más sutil: «no pasa nada, estamos protegidos. Los que gobiernan, nos tienen bien gobernados». El mismo mensaje de la «dictablanda» de Primo de

Rivera, que para afinar el plomo marmóreo de sus cataplines se liquidó de golpe a los salteadores del expreso de Andalucía dándoles garrote. Al general no había quien le amenazara al filo de la bragueta.

En la patria de hoy han aumentado las agresiones sexuales, se han multiplicado los actos de pedofilia, en especial la pornografía infantil, y disparado los atracos a grandes superficies, así como los robos a domicilios privados. El destrozo no trasciende porque la información fluye solapada entre anuncios o noticias de gran interés del cambio climático.

Frente al crimen cambiante, el poderoso mundo del principal electrodoméstico, la televisión, mantiene a sus adictos en el mundo mágico del glamour, las peripecias de las reinas de papel *couché* y las ocurrencias de los *frikis,* que si carecen de imaginación son estimulados por guionistas ocasionales. Parte buena para la diversión sería esa televisión del entretenimiento, en la que por cierto reina Moreno, si no fuera porque lo invade todo y no deja espacio para la realidad. Mientras los espectadores viven en el cuento, sus posesiones y su integridad quedan amenazadas. Los ciudadanos están tan noqueados que ni siquiera reaccionan ante la pérdida continua de los mínimos de seguridad. Escuchen, si no, cómo se quejan los sindicatos de la policía.

España es un lugar donde el crimen cada día es más complejo. De una forma sutil y no caballuna —de caballo del Espartero—, como hacía Primo de Rivera, se ha convertido en signo de mal gusto el hecho de hablar de delitos o delincuentes. Si tienen un hueco en los *magazi-*

nes siempre se cambia hacia lo nuevo con la frase feliz: «y ahora, a cosas más agradables».

El país es el primer consumidor de cocaína de Europa, por él circulan cada vez más armas de fuego y menudean los atentados contra personas. También hay más asesinatos, fruto de enfrentamientos entre bandas, niños desaparecidos de los que no se sabe nada, actuación de sicarios y turbulencias criminales del más variado jaez. Pero volviendo a nuestro buen amigo Moreno, la estrella mediática del muñeco Rockefeller, ni siquiera él, inmerso en el mundo de ficción, con algunas de las mejores series televisivas en cartel : *La que se avecina, Escenas de matrimonio,* ha podido enterarse de que, hoy en día, si vives en un chalet (es decir, isla construida, rodeada de parcela por todas partes), precisas de una completa seguridad estática y probablemente de un servicio de guardas armados, naturalmente, a prueba de fallos. Ya no es suficiente con ocuparse de la decoración y emplear grandes dosis de buen gusto, sino que se precisa de buen juicio y prudencia, en un mundo lleno de peligro.

Encima, Moreno, por lo que nos llega, le echó valor y se resistió al ataque, seguramente ayuno de que los delincuentes de ahora son temibles, han cambiado y no se achican, sino que desprecian la vida humana. Les da lo mismo machacar un cráneo por dos de pipas. El gran José Luis estaba desinformado, como muchos hoy en día, creyendo tal vez que viven las horas felices de la segunda transición frente a la pequeña pantalla.

Para que todos nos enteremos, y dicho por expertos en seguridad, en una casa es preciso utilizar los servicios del especialista en detección de peligro potencial; y no basta con una valla o un muro, que puede convertirse en una jaula imposible de traspasar. La única posibilidad que nos queda, para estar a salvo, es hacer una sociedad más segura. Es decir, recomponer el rápido deterioro de lo que teníamos, cosa de la que ya no hay político que se preocupe, tal vez adormecidos también por la nana del electrodoméstico, escenas de matrimonios que no existen y de vecinos que no temen a los cacos.

48

VIOLADOR DE LA BAÑERA

Pedro Jiménez García lo tiene acreditado. Llenaba las bañeras de agua para lavar a las mujeres que violaba. Es un ritual del que apenas sabemos nada, porque nadie ha profundizado en su maldad. Estaba condenado a treinta años de prisión cuando el juez de vigilancia penitenciaria le dio un permiso de tres días que presuntamente utilizó para atar, torturar y asesinar a dos chicas policías en el barrio Bellvitge en L'Hospitalet de Llobregat, en Barcelona.

El fiscal tras calificar su nueva causa le pide ciento dos años de cárcel por dos delitos de asesinato, una agresión sexual, quebrantamiento de condena, allanamiento de morada, profanación de cadáveres, incendio, y robo con fuerza y violencia. Parece gran cosa: más de cien años, pero en realidad ya estaba condenado a tres décadas y, de ningún modo, cumplirá más de cuarenta, por lo que puede decirse, sin temor a equivocarse, que prácticamente todos estos delitos le saldrán gratis. Por si fuera poco, se le exige además setecientos ochenta mil euros de indemnización a los familiares de las víctimas, pero seguro que se declara insolvente. Es decir, que en la práctica todo esto quedará en nada. Las leyes españolas favorecen a los grandes criminales y aquí tenemos un ejemplo definitivo.

Jiménez es un violador muy especial. Pequeño, delgado, poca cosa, aunque resulta de una ferocidad extrema. Sus delitos son de gran violencia, hasta el punto de tener de antiguo sobre sí esa condena de treinta años, máximo de cumplimiento para «delitos normales». Pese a ello, y a los informes en contra, le dejaron salir y, según ha publicado la mitad de la prensa española, en uno de esos permisos volvió a violar a otra chica por lo que sería de nuevo condenado —de nuevo gratis—, estando ya acusado de sus dos crímenes principales, los cometidos sobre las policías Silvia Nogaledo, de 28 años y Aurora Rodríguez, de 23. Ambas leonesas, de Toral de los Guzmanes y de Noceda del Bierzo; ambas en prácticas; ambas sorprendidas sin lugar a la defensa.

El ataque se produjo el 5 de octubre de 2004, día en el que las dos agentes, que vivían juntas en un séptimo piso del barrio señalado, habían quedado a desayunar para celebrar el cumpleaños de Aurora. Silvia acababa de salir del turno de noche de su trabajo en la comisaría de Castedefells y había comprado piezas de bollería para el desayuno.

El violador, del tipo que merodea, es decir, que caza tras reconocer el territorio, se había desplazado en metro hasta el barrio Bellvitge. Es posible que ya hubiera estado allí antes e incluso que hubiera observado a la agente Silvia, probablemente sin saber que era policía, aunque eso no debía importarle demasiado.

El caso es que la vio después de haber viajado en metro desde las seis de la mañana hasta la rambla Marina. En ese momento eran las ocho de la mañana pasadas y quizá llevaba un rato observando. Para combatir al violador no hay como la mirada periférica. Antes de entrar en el portal, hay que observar si te siguen con una mirada al entorno. En seguida habría podido verse a Pedro Jiménez, pequeño, pero duro; delgado, fibroso. Tranquilo y amenazador. Hay algo en todos los delincuentes que les delata, pero solo una observación atenta lo permite.

Posiblemente, Silvia lo tomó por un vecino y le dejó entrar. Subieron juntos al ascensor. Según la acusación, en ese momento, el pequeño violador sacó una navaja y se hizo pasar por un ladrón. Le exigió el dinero que llevaba… y el que tuviera en casa. Es el pretexto para quedar a solas. El agresor debía poseer datos que no se han averiguado o se la jugó por las buenas.

Ejerciendo una «feroz intimidación», según el relato del fiscal, Jiménez, que aparentemente no tiene media bofetada, logró que su víctima le abriera la puerta de la vivienda, donde sorprendió a la otra policía, y allí las amordazó: las ató por los tobillos, manos y cuello, utilizando prendas de ropa interior y una cuerda de tender la ropa, para inmovilizarlas en las camas de dos habitaciones distintas. Convertido en dueño absoluto de la situación, se lo tomó como el asesino de enfermeras de Chicago que abusó, una a una, de sus víctimas.

Entró en la primera de las habitaciones y se ensañó sexualmente con una de las chicas aprovechando que estaba completamente a su disposición. Acto seguido procedió a asesinarla de varias puñaladas. Se dice que le dio cuatro navajazos. No es apabullante para un violador en serie convertido en asesino sádico, en un permiso carcelario del que utilizó el primer día, para otear; el segundo, para matar; y el tercero, para huir.

Luego fue a la otra habitación, donde se retorcía la segunda joven sorprendida y neutralizada por el chiquitín sangriento. Le dio cinco puñaladas y con total desprecio «hacia la dignidad del cadáver», la desnudó y le introdujo un consolador por el ano. Esto de la dignidad del cadáver es una licencia poética porque la profanación apenas es delito en nuestro país.

Como tantas veces, satisfecha su lujuria y voluptuosidad, el violador, que siempre va a por atún y a ver al duque, se dedicó al expolio. Registró el domicilio y se hizo con una tarjeta de crédito, con una bolsa de deportes, diversas prendas, zapatillas y las llaves de un coche.

En algún momento llenó la bañera de agua y se ignora el ritual de lavado que no se ha descrito pero si se comunica que es coincidente con sus «violaciones históricas». Lo peor de todo resulta la ignorancia de la figura delincuente, lo que favorece el delito. Jiménez es un reincidente al que se le ha supuesto que progresa adecuadamente por seguir algunas orientaciones psicológicas y observa buen comportamiento en la cárcel, precisamente donde no hay mujeres, pero como se ve se ignora su verdadera personalidad. Se le han concedido, objetivamente, todas las facilidades para su desarrollo como peligroso criminal.

El fiscal advierte en su escrito de calificaciones, lo que podría ser pura retórica, que aunque pide más de cien años por los delitos que imputa a Pedro Jiménez, el máximo cumplimiento efectivo de la condena no podrá sobrepasar los cuarenta años. En caso extremo de rigurosidad, apenas pagaría por uno de los asesinatos, todo lo demás resulta a beneficio de inventario. No sería extraño que *el Violador de la Bañera* ande ya soñando con un próximo permiso carcelario.

Dotado de conciencia forense, Pedro Jiménez se puso la ropa de las fallecidas, presuntamente, prendió fuego a las camas rociadas de alcohol y también a un sofá para borrar los indicios de lo que había hecho. Hacia las diez de la mañana se dio a la fuga por la estación de metro. Los bomberos descubrieron los cuerpos al apagar el fuego. Había cometido un error de bulto: manipulando en su mochila, perdió la factura de un teléfono móvil que había comprado el día anterior en la que figuraban todos sus datos: «nombre, dirección…» Prácticamente demostró su estulticia dejando la tarjeta de visita. Además se supone que tienen sus huellas en la escena del crimen y, por si fuera poco, el ADN del semen, recogido de uno de los cadáveres. Le atraparon en Gerona, en casa de un amigo. Supuestamente había intentado crearse una coartada y sacar dinero con la tarjeta que robó.

49

MENTES ASESINAS
QUE MATAN A LOS DÉBILES

En la madrugada del 15 al 16 de diciembre de 2005, tres jovencitos, uno de ellos menor de edad, engañaron a una indigente para que les abriera la puerta del cajero de la entidad bancaria donde se refugiaba del frío, sita en la calle Guillem Tell, de Barcelona. Aprovechando su ingenuidad, la rociaron con disolvente y le prendieron fuego. El hecho es terrorífico porque está grabado en directo por las cámaras de seguridad. Así se ve a la víctima quemada viva, Rosario Endrinal, una mujer que en otro tiempo fue atractiva y triunfadora, empujada al arroyo por un fracaso amoroso. También a los criminales, «chicos bien», con ropita de marca, que ahora sabemos que se llaman Oriol y Ricard, retoños de la burguesía estancada en las flores del mal.

Niñatos a los que el fiscal pide en su calificación del delito veintiocho años de cárcel para cada uno de los mayores, puesto que el menor, según crónica de *La Vanguardia*, protegido por la Ley del Menor, ya ha recibido «un reproche penal» que le supone ocho años de internamiento en un centro y, presuntamente, cinco años de libertad vigilada.

Oriol y Ricard son chicos guapos que podrían haber estado ligando o compitiendo a los videojuegos, pero que sintieron una atracción vertiginosa y abismal hacia el crimen. Con ellos, el menor, que en las imágenes aparece con el bidón de disolvente. La mujer, de cierta edad, quizá «la vieja» para los asesinos, fue literalmente cubierta por el líquido inflamable y prácticamente carbonizada. Bret Easton Ellis, autor de *American Psycho,* habría podido escribir con gusto este episodio de la Ciudad Condal. Si bien no es nuevo en la sociedad española, otros jovencitos, que no necesitan robar para comer, a veces a bordo de potentes motos, como en la muerte a golpes de un mendigo en la calle Santa María de la Cabeza, de Madrid, o en Zaragoza, donde otro chulito maleducado reventó a puntapiés a un indigente, delatado por sus botas que quedaron impregnadas de cabello y sangre. En *American Psycho*, el triunfador clava su navaja en la barriga de los mendigos a los que finge ayudar. Es una manera de eliminar el estrés y aumentar la adrenalina.

Los jóvenes salvajes que mataron a la desgraciada Rosario, refugiada entre sus cartones en el interior del cajero, nos están sirviendo un paso más de la degradación formativa de la juventud. No tenían ninguna necesidad de estar allí, en aquel momento, ni de vigilar a una pobre mujer sin hogar. Solo buscaban salir del aburrimiento, del tedio de sus asquerosas vidas. Tal y como es moda en los últimos tiempos, solo sabemos el nombre y

Rosario Endrinal pocos segundos antes de ser atacada por Oriol y Ricard.

las iniciales del primer apellido de los inculpados, Oriol P., y Ricard P., pero, ya que estamos, que no se diga luego que la justicia es pública. Cada vez sabemos menos de los culpables, siempre más protegidos que las víctimas.

El menor, quizá el más feroz de los agresores, no le dio opción a la adormilada mujer que se sintió conmovida por los ruegos del pequeño para que le abriera el refugio, atrapada por los cantos de sirena de la supuesta inocencia. Los niñatos penetraron como una jauría de lobos, como una bandada de cuervos revoloteando sobre la carroña. Se trataba de acelerar el pulso. La señora llevaba allí desde las diez de la noche, y entonces, de madrugada, ellos habían tenido tiempo de afinar su propósito. Portaban un bidón de veinticinco litros de disolvente universal que en cuanto le prendieron fuego produjo una deflagración. La mujer ni siquiera pudo salir del cajero. La tuvieron que apagar los bomberos y sacarla con ayuda de la policía.

Nada que se refleje en las caritas de Ricard y Oriol, niños bien de la burguesía, rebeldes sin causa, con el pelito de media melena y las cazadoras rompedoras. El delincuente infantil más protegido cargando con la bomba de disolvente. Tres chicos a los que les molestaba una señora en decadencia, que en otro tiempo fue aplaudida y admirada y que por avatares de su biografía se había convertido en uno de esos *less-dead,* o «menos muertos», que dicen los americanos. Una de esas víctimas del ejecutivo agresivo que no solo se sostiene de su propio triunfo, sino que precisa el sufrimiento de los demás. Easton Ellis lo retrata muy bien hundiendo la navaja en el vientre del *homeless,* precisamente después de sacar dinero de un cajero. Es el síndrome del ricacho al que le molesta mientras conduce, prepotente, su Mercedes, que se le cruce alguien riendo a carcajadas en un Seiscientos. El antihéroe del *Psycho* americano es un hombre hecho y derecho, en el friso de los treinta, pero aquí hablamos de niñatos de 18, y menores de esa edad, que cuando salen a divertirse se obsesionan con los que duermen en la entrada de un garaje para freírlos, apalearlos o reventarlos a puntapiés. Es un mal que se traslada de una a otra punta de la nación y que solo puede atribuirse a la flojera educativa, la confusión de valores y la elección de la violencia como refugio de los rebeldes sin causa.

James Dean tiraba piedras a las casas, atormentado por su aburrimiento metafísico, pero estos se compran botas con puntera de acero, arrastran cadenas de las motos o roban líquido inflamable. Nadie ha estudiado el efecto de tanta violencia en la diversión de los chicos, cabroncetes de la buena sociedad. Una vez más se apuesta por salvar los tablones del naufragio. Nos aterra descomponer el mecanismo para entender lo que pasó. La actualidad nos degrada sin que queramos enterarnos. La misma panorámica social permite hombres y mujeres abandonados en la calle, junto al cartón de vinazo, y la amenaza de los verdugos: chicos desocupados que quieren limpiar las calles de su náusea vital.

50

ABUELOS DEL CRIMEN

Hay una oleada de homicidas septuagenarios y octogenarios. El caso más reciente sucedió hace unos días en Tamarite de Litera, Huesca, donde un varón de 84 años fue detenido como presunto autor de la muerte de su cuñado. Normalmente se busca un trato especial a estos «abuelos del crimen», pero en el caso que comentamos no hubo más remedio que ingresarlo en prisión. Normalmente en el área de enfermería. Antes, como hechos así eran esporádicos y espaciados, se buscaba la manera de no tener que encarcelarlos. Incluso se consideraba inadecuado un preso de 75 años. La cosa ha cambiado mucho.

En la actualidad puede llegar a ser una preocupación establecer dentro de las cárceles un «área de atención a la tercera edad», con prioridades como pañales para la incontinencia y otros cuidados de clínica geriátrica.

Con frecuencia hay presuntos asesinos de género sexagenarios, el último fue detenido en Valladolid. J. G., presuntamente dio muerte a su esposa, en Pedrajas de San Esteban, con un palo grueso y la dejó tendida en la cocina en un charco de sangre. Puede ser uno de los abuelos más jóvenes de la nueva tanda. No puede decirse de este caso, porque no ha terminado la investigación, pero en otros parecidos, suelen ser individuos que han amenazado a sus mujeres mucho tiempo atrás y que terminan cumpliendo la amenaza. En esta ocasión, como en tantas otras, el detonante fue el deseo de la víctima de conseguir la separación. El homicida lo entiende como pérdida de dominio: ¿qué va a hacer él ahora sin poder mandar sobre nadie?

Julián Torrebadella, de 70 años, fue condenado a quince de prisión por matar a su mujer con una llave inglesa. Es conocido como *el Asesino de la Llave Inglesa.* Fue el 20 de noviembre de 2006 y perpetró el crimen en su domicilio de Zaragoza. El septuagenario la golpeó a sangre fría mientras la víctima estaba durmiendo. Entre los móviles analizados se encuentra la posibilidad de que le diera muerte para que ella no se enterara de que se había gastado el dinero de la pensión en las máquinas tragaperras.

Una salida habitual para justificar el crimen es aducir «muerte por compasión». En el caso del *Asesino de la Llave Inglesa,* la víctima padecía de insuficiencia renal y estaba a cargo de su pareja. Posiblemente confiado en que todo el mundo entendería que se había deshecho de una persona que no podía cuidar y que dejaba así de sufrir, el anciano estaba muy tranquilo cuando se entregó en comisaría.

Es posible que se trate de personajes soberbios, que suelen tener amenazadas de muerte a sus compañeras y que se niegan a morir antes de cumplir lo prometido. El ministerio fiscal sostuvo en el caso de la llave inglesa que el acusado mató a su mujer con alevosía (asesinato) y que lo hizo «arrogante, egocéntrico y presuntuoso». Por una vez hay que estar de acuerdo.

Torrebadellas, el septuagenario condenado, fue examinado durante la vista oral y resultó que no tiene alteradas sus facultades mentales ni padece enfermedad psicótica, aunque podría mostrar un trastorno de personalidad narcisista y disocial que afecta a sus relaciones con los demás, a los que considera «que no están a su altura».

En Martos, Jaén, encontramos al homicida más anciano de nuestra historia criminal. Se trata de un abuelo de 91 años que presuntamente dio muerte a su esposa en el año 2003. En este hecho se manejó con fuerza la hipótesis de la «muerte por compasión», dado que la señora estaba inmovilizada en cama debido a achaques de la edad. Sin embargo la pareja tenía propiedades y ahorros que les habrían permitido ingresar en una residencia asistida. También es cierto que el abuelo tenía un cuadro de depresión y que se le habían practicado pruebas para detectarle demencia senil y Alzheimer. Es decir, nada extraño a su edad.

Lo que si nos deja perplejos, no son los 91 años, sino las condiciones físicas que le habían disminuido su movilidad, hasta el punto de que cuando la Guardia

Civil fue a detenerle, más que capturarlo parecía sujetarle para que se mantuviera en pie. No podía andar con soltura, pero se las arregló para comprar una hachuela —precisamente en la ferretería de los hermanos Mata—, en teoría para limpiar los pinos, pero en la realidad para matar y descuartizar a su mujer.

Cuando fue descubierto, pese a que le costaba cruzar la calle hasta el contenedor del otro lado, estaba en trance de deshacerse del cadáver arrojando los trozos dentro de bolsas de basura. Ya había tirado la cabeza al contenedor.

El anciano dijo a la asistenta social que les cuidaba que había matado a su mujer para evitar que siguiera sufriendo por la enfermedad, pero la investigación estableció que la víctima solo padecía los problemas propios de su avanzada edad y que el anciano se había negado en varias ocasiones a ingresar en una residencia asistida. Es lógico que se sienta piedad ante un abuelo aparentemente indefenso pero ¿por qué intentaba deshacerse del cadáver tras haberlo descuartizado? Nunca lo sabremos, debido a que murió sin llegar a juicio.

De verdad, ¿por qué matan los abuelos asesinos? La expectativa de vida ha mejorado en España de forma espectacular. No solo se vive más, sino mucho mejor. En mejores condiciones físicas y mentales. Por eso el crimen envejece, porque el viejo está hecho un chaval. Le atormentan pasiones como el juego, la soberbia y la ambición desaforada. Igualmente se siente joven para amar de una forma posesiva y dominante. El 14 de noviembre de 2005, José María Anía, de 80 años, degolló a su mujer en la cocina de su casa, en Calatorao, Zaragoza. El propio homicida afirma que lo hizo por celos. En efecto, el tribunal que le juzgó considera que padece un delirio celotípico, «o síndrome de Otelo», corroborado por los psiquiatras.

51

YA NO ESTÁ LOCO

Andrés Rabadán, que tiene 34 años y permanece encerrado en la cárcel Modelo de Barcelona, dio muerte de una forma horrible a su padre, el 6 de febrero de 1994, disparándole con una ballesta marca Star Fire que se había echado de Reyes. La víctima era albañil y convivía con un joven, Andrés, de tan solo 20 años. Habían terminado de comer y el padre estaba preparando dos vasos de leche, cosa que disgustó al agresor, por lo que comenzó una discusión que él mismo cortó cuando fue a su habitación a por el arma medieval. La cargó con una flecha y disparó acertando a su padre en la cabeza. Le disparó dos veces más. Luego declaró que mató sin saber lo que hacía.

El caso es que si le clavó otras dos flechas fue porque así se aseguraba de que no sufriría. Cuando estaba agonizando, le puso una almohada para que estuviera más cómodo y le abrazó. Una vez convencido de que había muerto salió de su casa situada en el cruce entre Sant Genís y la Nacional y fue a entregarse a la policía. Los primeros que le atendieron fueron los agentes locales de Palafolls, que llamaron a la Guardia Civil.

Al explicar su caso, Andrés puso especial énfasis en resaltar que oía voces dentro de su cerebro, ya saben, como los locos. Y que esas voces le empujaban. No tiene nada de extraño que le diagnosticaran una esquizofrenia delirante paranoide, una enfermedad mental grave que, en principio, se entiende que no tiene cura. Sin embargo, cuando han pasado catorce años nos dicen que desde el año 2002 Andrés, el llamado *Loco de la Ballesta,* no toma medicación alguna y que está completamente recuperado.

El asesinato de su padre, con todo lo execrable que es, no resulta nada más que una parte de su compleja personalidad. Hasta ahora y desde que fue considerado «no responsable» de sus actos, por su trastorno psicótico, no le han dejado salir nunca de su encierro. De ahí que quienes promueven, con sus respetables razones, la puesta en libertad del recluso afirmen que ya es hora. Sin embargo dejan en un segundo plano el lado más oscuro de su comportamiento.

En la historia criminal española hay sociópatas que han declarado que desearían que toda la humanidad tuviera una sola cabeza para poderla cortar de un solo tajo. Andrés Rabadán alentaba un odio extremo contra los demás, que semanas antes del homicidio le llevó a poner en marcha un minucioso plan para atentar contra los viajeros de los trenes de cercanías de Barcelona. Logró provocar tres atentados distintos, en los que los trenes llegaron a descarrilar y aunque afortunadamente no hubo víctimas mortales, se produjo una situación de grave riesgo. Y en todo caso, si no hubo muertos, no fue porque Rabadán hiciera algo para impedirlo.

Su sistema, sofisticado, digno de un malvado y no de un loco, consistía en provocar un corte en los raíles del tren para que las ruedas descarrilaran. Como tardaba en hacerlo, iba provisto de cinta adhesiva, con la que cubría el daño, y un spray de pintura negra, con la que disimulaba la reparación, de tal modo que ocultaba el hecho a los vigilantes y eso le permitía suspender el trabajo para reanudarlo más tarde. Por si fuera poco, cuidado y premeditado, lograba sortear los avisadores eléctricos de su sabotaje practicando una especie de «puente», ingenioso y eficaz.

El atentado a los trenes tenía en alerta a la fuerza policial que creía que se enfrentaba a una banda. Pero no: el terrorista era uno solo, que como el Vampiro de Düsseldorf habría disfrutado provocando el hundimiento del *Titanic* o del *Andrea Doria*. Incluso perpetrando un incendio voraz que consumiera Roma por segunda vez. O un choque de trenes.

Este es el chico que dicen que lleva demasiado tiempo en prisión, aunque en realidad sufre un ingreso psiquiátrico. Dentro de su celda se ha ejercitado en el dibujo a bolígrafo, realizando unas sombrías y horrendas escenas que ha expuesto en distintas ocasiones, entre otros lugares en un restaurante de las Ramblas, logrando el favor del público que ha comprado sus obras.

En septiembre de 2003 se casó en la cárcel de Quatre Camins con una joven auxiliar de enfermería que conoció allí mismo. Como es natural, su esposa

Andrés Rabadán

desea que le dejen en libertad cuanto antes. Ha aprendido catalán, lee y dibuja a diario y también ha escrito una novelita testimonio de experiencias de recluso, aunque en ella elude enfrentar los delitos de los que en su día le consideraron autor.

Un asesinato en España conlleva una condena de veinte años, poco más o menos. Al *Loco de la Ballesta* le cambiaron la pena por la reclusión psiquiátrica de al menos veinte años. En algunos casos criminales se ha dado que la estrategia de defensa ha sido considerar perturbado al presunto hasta que se le designa como irresponsable, y luego, tras un tiempo de tratamiento médico, lograr el alta que le deja libre. Son fórmulas arriesgadas que a veces salen mal.

En el caso de Andrés Rabadán tenemos que la espectacularidad de su parricidio, junto con la maldad rebuscada de sus atentados contra la sociedad en general, dirigidos a los usuarios de trenes de cercanías, le hace especialmente célebre. A eso se une su vena artística que se concreta en que con solo un bolígrafo azul es capaz de representar escenas de desolación amenazadora y, últimamente, incluso una especie de cómic en el que recuerda su destreza con la ballesta. En sus dibujos atormentados representa su habitación, con un arma de fuego, quizá de balines, y la inevitable ballesta. También el póster de una chavala explosiva. Luego las voces que le retumban en las meninges y, finalmente, el desfile por el pasillo con la flecha tensando el arco.

Se trata de un trabajo previo que ha creado para la película que se rueda sobre él. La promueve el director Bonaventura Durall, quien antes realizó un documental, *El perdón,* con el mismo protagonista. Seguramente las dos obras cinematográficas están llenas de interés y sean aleccionadoras sobre un individuo que perdió a su madre ahorcada en su propia casa, debido supuestamente a un doloroso suicidio, que vivía con un padre de difícil trato y que, al final, rompió con todo. La película se titula provisionalmente *Las dos vidas de Andrés Rabadán* y, si resulta equilibrada, mostrará la evolución de este recluso psíquico con su «milagrosa recuperación», su afán de superación y su encono por salir cuanto antes de detrás de las rejas.

Pese a las razones esgrimidas, algunos permanecen inalterables en su asombro, como cuando los agentes que le interrogaban supieron que Andrés Rabadán no solo era *el Asesino de la Ballesta,* sino también el terrorista que hacía descarrilar los trenes de cercanías.

Dentro de los módulos psiquiátricos por los que ha pasado en las cárceles de Cataluña, Brians, La Modelo y

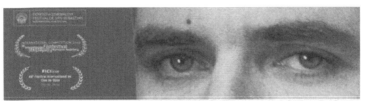

Cartel de la película sobre Andrés Rabadán.

Quatre Camins, Andrés Rabadán ha dejado un historial de recluso con problemas y «fuguista». Ha intentado escapar hasta tres veces y, en 2004, amenazó por carta a una enfermera, de forma tan grave, que le han condenado a un año y medio más de encierro que se suma a la pena inicial, además de una multa de cinco mil euros. Para la Fiscalía presenta «alto riesgo de conducta violenta en el futuro». No obstante, alguno de los psiquiatras que le han tratado se arriesgan a afirmar que está curado. Pero ¿de la enfermedad mental o de la tendencia sociópata? Frente a la versión de los hechos dulcificada que se nos ofrece, hay que recordar que el padre asesinado le obligaba a trabajar, cosa que odiaba, lo que es motivo suficiente para aquella reacción tan violenta. También que «era un solitario que odiaba a todo el mundo», según le definen en su entorno.

52

ANTONIO ANGLÉS
SIGUE DESAPARECIDO

Miriam, Toñi y Desiré desaparecieron camino de una discoteca el 13 de noviembre de 1992. Habían salido de su pueblo, Alcácer, Valencia, para divertirse un fin de semana y su volatilización provocó una verdadera histeria colectiva. De hecho, en su busca hubo víctimas mortales. Los cuerpos, no obstante, serían hallados por unos pacíficos apicultores en un paisaje inesperado: los altos de La Romana, cerca de la presa de Tous.

Una mano salía retorcida de la tierra con un llamativo reloj, probablemente descubierta por las abundantes lluvias. Era el 27 de enero de 1993. Y de nuevo la histeria colectiva invadió las calles del pueblo; esta vez provocada por los forasteros. Un programa de televisión montó un polémico docudrama en directo. Toda España estaba trastornada. Ha habido un antes y un después del «caso Alcácer». Transcurridos quince años, persiste el festival de luces y sombras.

Las tres niñas estaban muertas, habían sido golpeadas y probablemente torturadas. Finalmente las remataron de un disparo en la cabeza.

Desde entonces se trabajó con varias hipótesis. La de mayor relieve sugiere que unos señoritos estresados, que combatían el estrés con un baño sexual, ordenaron secuestrar jóvenes para su disfrute a cargo de celestinos que vivían del menudeo de la droga y los atracos. Nunca se encontró a los señoritos viciosos, pero sí se dio con los *pringaos* que pueden ser los autores materiales del drama. Dos fueron los nombres que quedaron al fondo del sumario: Miguel Ricart, condenado a la intemerata de años, y Antonio Anglés, el fantasma diabólico, al que se le echan injustamente todas las culpas, desaparecido a la vez que las niñas, y jamás hallado, aunque todo el mundo dice haberlo visto: en la casa de Catarroja, cuando la Guardia Civil detuvo a Ricart o en la peluquería del centro de Valencia, donde supuestamente se tiñe el pelo mientras los guardias le soplan en el cogote, en la furgoneta robada a punta de pistola...

El rastro de Anglés es tan claro y diáfano que por fuerza tiene que ser falso. Destaca, como un diamante sobre una trufa, en los miles de folios del sumario, tanto que puede seguirse la trayectoria, cruzando España por la cintura, desde el momento mismo en el que huye como un consumado acróbata, con un salto de espanto, que ni Pinito del Oro, y aterriza de perfil a muchos metros de altura, hasta Lisboa, donde le reconoce un drogata que no le conocía de nada, y luego, es presuntamente descubierto de polizón en un barco camino de Irlanda, del que se habría tirado por la borda. Antonio

Anglés comete sus fechorías para escapar con la actitud reveladora de «arriba las manos, que soy Anglés», mientras se cubre con un mono de mecánico y lleva una gorra calada hasta las orejas, sin olvidarse de revelar que se trata del enemigo público número uno. En este rastro tan marcado puede verse que quizá sea cierta la hipótesis de una poderosa organización detrás del asesinato de las tres niñas, unos tipos sin escrúpulos, minuciosos y profesionales, capaces de inventar un itinerario con un Anglés de guardarropía.

Mientras sigue en la web de la Guardia Civil como uno de los más buscados, es posible que Anglés esté muerto y que fuera asesinado con la última bala de la pistola que mató a Toñi, Miriam y Desiré. De esta manera no habría salido nunca de Valencia. Son conclusiones a las que se llegan tras la investigación y por determinados testimonios. Desde el atracado que revela que es posible que alguien que se hacía pasar por Anglés le quitó la furgoneta para abandonarla después, hasta la declaración de Miguel Ricart, el único de los violadores asesinos, condenado y confeso, al que se le atribuye el desgarro de la carne de una de las niñas con unos alicates. Para Ricart, Anglés está muerto, y de su entorno, salió en su momento la idea de descubrir, a cambio de una importante cantidad de dinero, el lugar donde podría estar el cadáver, o lo que queda de él. Todo fue desapareciendo y primó la idea de que podría ser una estafa a una cadena de televisión. Cualquiera que busque más información puede consultar mi libro *Alcácer, punto final,* publicado por Martínez Roca. En un anexo se incluyen, en exclusiva, cartas muy revelado-

20 / Diario de Valencia

VALENCIA
SUCESOS

7 de Septiembre de 2001

La policía repetirá las pruebas al cráneo que puede ser de Anglés

La Brigada Científica alega que los restos están demasiado deteriorados

La policía ha decidido repetir las pruebas científicas efectuadas a los restos óseos hallados en 1995 en Irlanda para conocer, definitivamente, si pertenecen o no a Antonio Anglés, el triple asesino de las niñas de Alcàsser. Así lo afirmó ayer en Valencia el comisario general de la Policía Científica en Madrid, Carlos Corrales. El comisario explicó que, aunque los primeros análisis genéticos efectuados a la calavera y a varios fragmentos de huesos humanos dieron "un resultado negativo" cree que es necesario "volver a repetir las pruebas científicas para estar completamente seguros de que esos restos óseos no son de Antonio Anglés".

Ocho años y medio desaparecido.
El 23 de septiembre se cumplirán ocho años y medio desde el último día en que fue visto con vida Anglés (en la imagen), a bordo del carguero City of Plymouth.

Los huesos fueron hallados el 11 de septiembre de 1995 en una playa del condado de Cork, al sur de Irlanda. La forense que analizó los restos afirmó que se trataba de un varón que pudo fallecer en 1993 y descartó que pertenecieran a algún desaparecido en la zona.

Un tiempo después, la Garda (la policía irlandesa) se acordó de que la policía española les había solicitado ayuda para localizar a Anglés, que embarcó en Lisboa como polizón en el barco 'City of Plymouth', con rumbo a Dublín. El 23 de marzo de 1993 se esfumó del buque sin dejar rastro.

La Garda pensó que los huesos podrían pertenecer al fugitivo más buscado de España. Tras poner el hallazgo en conocimiento de la policía española, ésta se mostró vivamente interesada en el tema y logró que la Garda les remitiera el informe de la forense, con los datos de los marcadores genéticos de los huesos hallados en Cork y los restos. Luego lograron la autorización judicial para tomarle una muestra de saliva a Neusa Martins, la madre de Anglés, y cotejar su secuencia genética con la de los huesos de Irlanda.

"Se hicieron unos estudios y el resultado fue negativo", detalló el comisario Corrales. "Pero el problema es que los restos están muy deteriorado, aunque hemos logrado trabajar con ellos y vamos a seguir haciéndolo, por eso me parece necesario volver a repetir las pruebas científi-

cas, para estar definitivamente seguros de si pertenecen o no a Anglés". Corrales matizó que en los análisis genéticos para identificar unos restos óseos "a veces no se consigue el resultado definitivo a la primera y hay que seguir haciendo pruebas". También dijo que la Policía Judicial mantiene abiertas otras líneas de investigación.

REDACCIÓN
FELIP PINAZO

FOTOGRAFÍA
DIARIO DE VALENCIA

Diario de Valencia del 7 de septiembre de 2001.

ras del asesino. Está escrito apilando datos, sin jugar a profeta.

Las niñas fueron víctimas de «ojeadores» de niños desprevenidos, detectados con cierta frecuencia en el levante español, que se dedican a captar adolescentes con los que se organizan fiestas interminables que, como la de Alcácer, pueden salir mal. Hay otros casos de desaparecidos y organizaciones que afortunadamente fueron descubiertas. Lo de las tres niñas pudo ser un encargo de forasteros poderosos, pero también, y por una vez, la noche loca de delincuentes habituales, fugados de la justicia, que decidieron montar para ellos mismos lo que acostumbraban a hacer por encargo. Ricart lo sabe todo, pero calla. Es un delincuente endurecido por muchos años de prisión.

Por su parte, Antonio Anglés podría ser el eslabón perdido que recibía los encargos y cobraba los servicios. El único de la banda que tenía las claves y contactos para revelar el misterio, cosa que probablemente le costó la vida al poco de cerrar la fosa de La Romana con las pequeñas dentro.

A partir del caso Alcácer, los pedófilos, violadores y señoritos troneras, que encargan fiestas sin fronteras en el levante español, no pueden estar tranquilos. La investigación del triple asesinato de Miriam, Toñi y Desiré mostró al país, por primera vez, una indagación en directo, por televisión. Con su polémica al fondo, un sumario fue desmenuzado ante las cámaras con sus aciertos y errores. La investigación que estaba paralizada se activó de nuevo; y rozó el milagro de una resolución total. Mientras, los enemigos de la verdad ponían el grito en el cielo, y algunos manipulaban las acusaciones de «juicio paralelo», para tratar de acallar el escándalo de lo mal hecho, expuesto gracias al papel justiciero de la prensa. Probablemente el proceso infundió temor en los criminales y el aluvión de luz y taquígrafos, pese a los agoreros, no influyó en el desarrollo del juicio cuyo fallo fue confirmado por el Supremo.

Made in the USA
San Bernardino, CA
25 November 2013